AF357092

Louis MORAND

ANTOINE
DE MARCENAY DE GHUY
Peintre et Graveur
1724-1811

CATALOGUE DE SON ŒUVRE

LETTRES INÉDITES
ET
PORTRAIT DE MARCENAY DE GHUY
D'APRÈS LUI-MÊME

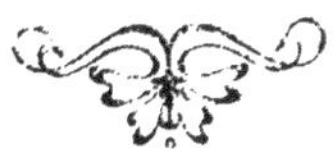

PARIS

GEORGES RAPILLY

Marchand d'Estampes de la Bibliothèque Nationale

9, QUAI MALAQUAIS, 9

1901

DE MARCENAY DE GHUY

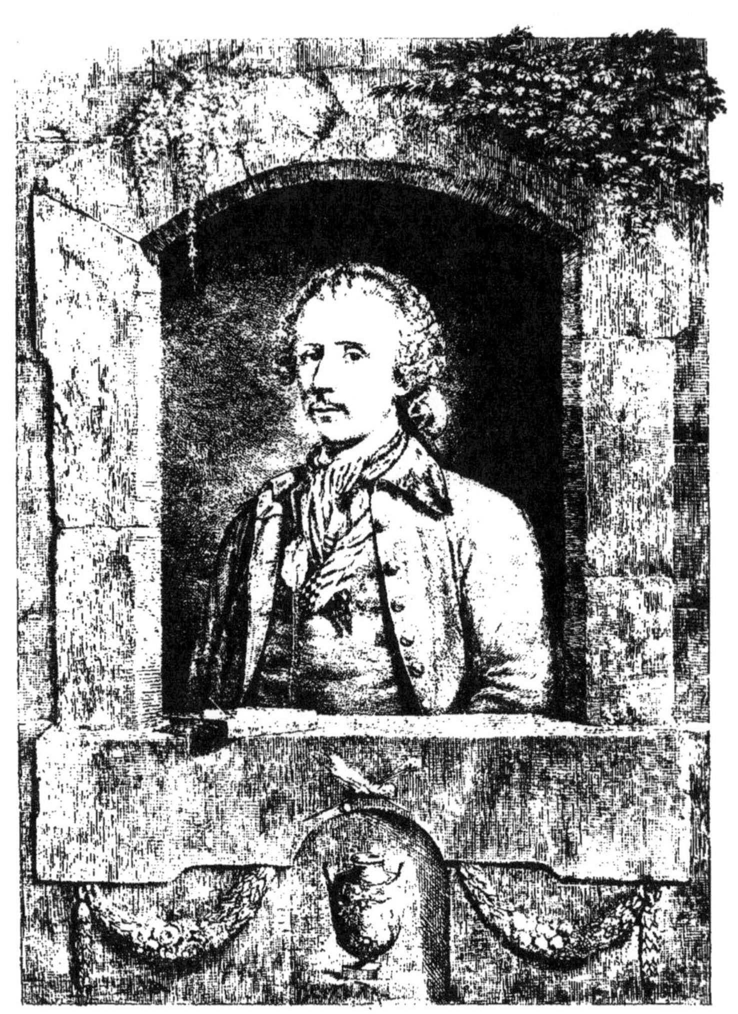

Antoine de MARCENAY de GHUY

Peintre et Graveur

1724-1811

—

D'après lui-même

Louis Morand

Antoine
DE MARCENAY DE GHUY

Peintre et Graveur

1724-1811

CATALOGUE DE SON ŒUVRE

LETTRES INÉDITES

ET

Portrait de MARCENAY DE GHUY

D'APRÈS LUI-MÊME

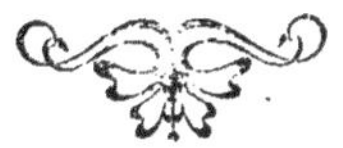

PARIS

GEORGES RAPILLY

Marchand d'Estampes de la Bibliothèque Nationale

9, QUAI MALAQUAIS, 9

1901

ntoine de Marcenay de Ghuy est né à Arnay-le-Duc
(Côte-d'Or), le 10 octobre 1724, de Jean-Claude de
Marcenay, bourgeois, et de Pierrette Testot (1).

Ses armoiries étaient d'azur à un croissant d'or,
surmonté d'une étoile de même.

La maison de Marcenay a donné à la province et à Paris quelques hommes de valeur : Bernard, avocat, échevin d'Arnay
en 1677 ; B..., avocat, subdélégué de l'Intendance au dit lieu,
de 1717 à 1731 (peut-être le même personnage) ; Vorle, écuyer,
receveur au grenier à sel de Chalon-sur-Saône, seigneur de
Saint-Prix et Mercey, en 1739 ; Vorle-François-Etienne, écuyer,
directeur général des gabelles à Paris, en 1768, etc.

A cette famille appartenaient : Jeanne, femme, en 1696,
d'Antoine Lamy, conseiller du roi aux bailliage et siège présidial
d'Autun ; Jean-Claude Testot, avocat au Parlement d'Autun,
en 1724 ; le général baron de l'Empire Claude Testot-Ferry, né à
Arnay, le 20 mars 1773. Elle était alliée à celle du bourguignon
Nicéphore Niepce, inventeur de la photographie.

(1) Voici copie de son acte de baptême : « Le quinze octobre mil sept cent
vingt-quatre, a été baptisé Antoine, né le dix dudit mois d'octobre, fils de Mre Jean-
Claude Demarcenay, bourgeois à Arnay-le-Duc, et de D^{lle} Pierrette Testot, ses
père et mère légitimes. Son parcin messire Antoine de Biolet, écuier de Belnot,
sa marcine D^{lle} Louise Testot, fille de Mre Jean-Claude Testot, advocat au Parlement soussignéz. »
Suivent les signatures.

Les années de jeunesse de Marcenay sont inconnues, mais il est probable qu'il vint de bonne heure à Paris se livrer à son goût naturel pour les arts. Comment ce goût est-il né, a-t-il grandi? Nous l'ignorons également.

Sur ses débuts, c'est lui, comme nous allons le voir, qui nous renseigne à l'occasion du plagiat dont il a été victime par les auteurs de l'*Encyclopédie*.

En 1756, Marcenay nous apprend donc que dans le désir de renouveler la manière de graver de Rembrandt, il avait, depuis quelque temps, suspendu son application à la peinture et venait de faire paraître des essais de gravure, accueillis plus favorablement qu'il n'osait l'espérer. Cependant, comme ils furent la cause de critiques, Marcenay crut devoir publier, sans nom d'auteur, dans le *Mercure de France*, avril 1756, son *Idée de la gravure*, « *afin de développer l'objet essentiel de cet art également utile et agréable, de montrer la différence qu'il y a entre l'eau-forte et le burin, enfin ce qui peut donner plus de valeur à l'un qu'à l'autre, voulant parler de cette liberté absolument nécessaire pour caractériser les effets piquants de la nature, et qu'on ne peut trouver que dans la manière de graver à l'eau-forte.* »

Dans cette étude de la gravure en général, Marcenay explique d'une façon curieuse et bien personnelle, sa profonde admiration des œuvres de Rembrandt et donne des notes biographiques et des appréciations sur le talent de quelques graveurs anciens.

Le 7ᵉ volume de l'*Encyclopédie, ou dictionnaire raisonné des sciences, des arts et des métiers, par une société de gens de lettres, mis en ordre et publié par MM. Diderot et d'Alembert*, portant la date de 1757, contenait le mot **graveur**, signé « *M. le chevalier de Jaucourt* », dont le texte est la reproduction, presque mot à mot, de l'*Idée de la gravure*, mais sans la citer.

Le larcin était visible, certain. Marcenay le fit connaître dans une lettre modérée et correcte, adressée à l'*Année Littéraire*, qui la publia avec ce titre: « *Dénonciation d'un plagiat* », dans le tome 2 de l'année 1759. Il y rapproche et compare les deux textes et l'évidence du vol en ressort clairement.

Marcenay qui, fort justement, tenait à revendiquer encore davantage ce qui lui avait été pris, fit réimprimer avec son nom, en 1764, en un volume in-8°, son *Idée de la gravure* et donna à la suite le *Catalogue* raisonné de son œuvre, qui se composait alors de 22 estampes.

Neuf ans après, à la fin de l'année 1773, Marcenay publiait la *Seconde partie du catalogue* de ses estampes, comprenant vingt-quatre pièces nouvelles. Les portraits de Stanislas-Auguste, roi de Pologne et de Marie-Antoinette de Bavière, bien que datés de 1765, n'y figurent pas. Marcenay les a présentés pour la première fois au public à l'exposition du Colisée, en 1776.

Pour en terminer avec ses ouvrages imprimés, citons encore le dernier de Marcenay : *Essai sur la beauté*, 1770, dédié « *A Son Altesse Royale Madame la Comtesse régnante de Brunswick et de Lunebourg, née princesse royale de Prusse.* »

Marcenay était ami de J.-G. Wille, chez qui se vendaient la plupart de ses estampes. Aussi trouvons-nous sur lui, dans les *Mémoires et Journal* du célèbre graveur, les mentions suivantes :

« Le 18 juillet 1759. Répondu à M. Hertz, directeur de l'Académie impériale des beaux-arts d'Augsbourg. Je lui demande surtout la patente de M. de Marcenay.

« Le 2 juin 1760. J'ay prêté à M. de Marcenay, mon ami, un paysage peint par M. Diétrich, qu'il veut copier.

« Le 20 juillet 1761. J'ay fait mes visites aux officiers et membres de l'Académie royale ayant voix, pour les prier de m'accorder leurs suffrages lorsque je présenterai le portrait de M. le marquis de Marigny, que j'ay gravé pour ma reception. Ces prières sont d'usage. M. de Marcenay m'accompagna et fit ces visites avec moi et prières pour des suffrages aux mêmes personnes ; car il désire être agréé le jour que j'espère être reçu, qui sera vendredy prochain 24 de ce mois, jour de l'assemblée. Il aura quatre tableaux à montrer.

« Le 24, je fus reçu à l'académie royale de peinture et sculpture d'une voix unanime, et j'ay pris séance après avoir prêté le serment et avoir remercié la compagnie. M. Briard, peintre d'histoire, fut agréé. M. de Marcenay, n'ayant pas le nombre de voix pour lui qu'il lui auroit fallu, fut refusé.

« Le 14 avril 1762. M. de Casanova, peintre de batailles, agréé à l'Académie royale l'année passée m'a fait deux tableaux pendans qui furent portés par lui chez M. le chevalier Damery, qui nous avoit invité à dîner, où se trouvoient aussi MM. Aved et de Marcenay.

« Le 25 mars 1765. Répondu à M. de Hagedorn. Je lui donne avis que les estampes de mon œuvre qu'on me demande pour être placées dans le cabinet électoral de Dresde sont parties le 24 mars avec l'œuvre de M. Vernet et celui de M. de Marcenay.

« Le 6 novembre 1768. M. Stürz, secrétaire des affaires étrangères du roy de Danemark, soupa chez nous, de même que MM. de Marcenay et Baader.

« Le 20 novembre 1768. M. Stürz, secrétaire des affaires étrangères du Roy de Danemarck, M. Georgio, conseiller du commerce de l'impératrice-reine, M. de Marcenay, M. Baader ont soupé chez nous.

« Le 4 décembre 1768. M. Georgio, conseiller de l'impératrice-reine, M. de Marcenay, M. Kruthofer, secrétaire de l'ambassade de l'empereur, et M. Baader soupèrent chez nous.

« Le 18 décembre 1768, MM. de Marcenay, Baader, Messager et Georgio ont soupé chez nous.

« Le 1er janvier 1769, M. de Marcenay et M. Baader ont soupé chez nous.

« Le 4 janvier 1770. Répondu à M. Stürz, secrétaire de légation et directeur général des postes de S. M. le roy de Danemark, que je lui achèterai l'œuvre de M. de Marcenay.

« Le ... janvier 1770, j'ay dîné chez M. de Marcenay en bonne compagnie.

« Le 20 janvier 1772, j'ay dîné en bonne compagnie chez notre ami M. de Marcenay. »

Cette note est la dernière des *Mémoires* relative à Marcenay, bien qu'ils aillent jusqu'à l'année 1795.

Pourquoi ce long silence pendant vingt-trois ans? Les deux amis auraient-ils cessé leurs relations? Nous l'ignorons.

Marcenay était correspondant pour les belles-lettres et les beaux-arts de l'Académie de Rouen, où son admission a probablement eu lieu entre 1762 et 1764 (1), membre honoraire, puis associé libre de l'Académie de Saint-Luc, à laquelle il envoya des peintures et des estampes pour ses expositions de 1762 et 1764.

---

(1) Les archives de l'Académie ne contiennent aucun autre renseignement sur Marcenay que son inscription au tableau des sociétaires pour l'année 1770, avec cette désignation : « *de Marcenay, peintre à Paris.* » — Lettre du Secrétaire, du 5 mars 1901.

En 1776, peu de mois après la suppression de l'Académie de Saint-Luc, Marcenay et de Peters, peintre miniaturiste, organisèrent une exposition libre des beaux-arts.

Elle eut lieu dans un salon du Colisée construit exprès — *Le Salon des Grâces* — et fut l'objet de critiques qui paraissent bien surannées aujourd'hui, en songeant aux deux salons annuels et au grand nombre d'expositions particulières et de groupes d'artistes.

Le continuateur des *Mémoires secrets* de Bachaumont (tome IX, page 283), lui décoche ce trait de dédain : « On pense bien qu'il n'y a que les peintres de Saint-Luc qui se soient prêtés à cette charlatannerie des Directeurs du lieu. » L'*Almanach historique et raisonné des artistes peintres...*, de 1777, exprime la même opinion en disant que cette entreprise fut inspirée par la suppression toute récente de l'Académie de Saint-Luc. On peut donc admettre, d'après les témoignages de ces contemporains, que l'exposition du Colisée a été un essai pour faire revivre les salons de l'Académie de Saint-Luc, avec un autre nom et de nouvelles bases.

Mais cette tentative d'indépendance dans l'art a aussi pour cause — et peut-être davantage encore — l'étroitesse de vue, la jalousie des peintres de l'Académie royale et le joug qu'ils faisaient peser sur des confrères dont ils redoutaient le talent, souvent égal au leur.

Elle est la première en date dans notre pays et il y a lieu de féliciter Marcenay et de Peters de l'avoir organisée.

Dans la lettre de Marcenay au baron de Joursanvault, du 5 novembre 1776 — qu'on trouvera plus loin — il y a un passage sur cette exposition. Le voici : « C'est pour cette raison et pour exciter l'émulation parmi les artistes que je viens de former une exposition de tableaux et autres ouvrages dans un des salons du Colisée dont le public a paru satisfait. Cette exposition aura lieu tous les ans et fera beaucoup de bien à la fois tant parmi les artistes en fomentant le désir de bien faire qu'on n'y sauroit trop exciter que dans le public en y entretenant le goût des bonnes choses et par là même en y augmentant le nombre des amateurs qui ne peut être trop multiplié pour l'avantage des arts. »

Le succès remporté par l'entreprise nouvelle, engageait donc Marcenay à faire d'autres expositions les années suivantes. Malheureusement, son projet ne se réalisa pas. Un arrêt du Conseil d'Etat du roi, du 30 août 1777, pris certainement aux sollicitations de la puissante Académie et de son protecteur, M. d'Angivilliers, interdit la seconde exposition au moment de son organisation.

Le baron de Joursanvault, dont nous venons de citer le nom, est bourguignon comme Marcenay; ils sont nés à quelques lieues l'un de l'autre. Le gentilhomme, grand ami des arts et protecteur de plusieurs artistes de sa province, entretenait avec eux une correspondance suivie. MM. le baron Roger Portalis et Henri Béraldi ont publié dans *Les graveurs du XVIIIe siècle*, une lettre de Marcenay au baron de Joursanvault, du 5 novembre 1776. Nous la reproduisons avec deux autres inédites qui font partie de notre collection. Elles forment un curieux ensemble des raisons qui lui font préférer l'eau-forte au burin, il cite en exemple le *Kinkotius* de Hollar, puis parle de ses œuvres : le *Régulus*, le *Portrait du Comte de Berghe*, son portrait peint dont la gravure est inachevée, (c'est celle reproduite en tête de cette notice), de l'*Encyclopédie*, « œuvre de finance et de librairie », etc.

La dernière est relative à des achats de vin que les correspondants, tous deux propriétaires de vignes, se faisaient réciproquement, avec paiement en espèces, ou en gravures par Marcenay.

Voici ces trois lettres par ordre de dates. La première est celle publiée par MM. Portalis et Béraldi, la deuxième, envoyée probablement dans une enveloppe perdue, n'a pas de suscription; mais, outre que son contenu ne laisse aucun doute sur la personne à qui Marcenay l'écrivait, elle porte en tête, de la main du baron de Joursanvault, « *n° 182. Reçue le 22, répondu le 2... décembre 1776* ».

Monsieur le baron de Joursanvault, à Beaune, en Bourgogne,

Paris, le 5 novembre 1776

Monsieur, au titre de compatriote, vous joignés tant d'honnêteté dans la lettre dont vous m'honorés, qu'il faudroit que je n'eusse pas d'épreuves avant la lettre de mes gravures, si je ne satisfesois pas au désir que vous avés de vous en procurer. Je crois qu'il m'en reste encore de la plus part de mes planches, je vais les chercher afin de les joindre dans l'envoi, à mon œuvre avec la lettre que vous désirés pareillement. Le prix de ce dernier monte à la somme de 160 l. 14 s.

Quant aux épreuves avant la lettre je ne puis vous les taxer à moins du double du prix des épreuves correspondantes avec la lettre, quoique celles des portraits de Henry IV et de Sully soyent triplees ou peu s'en faut n'ayant fait tirer de mes planches qu'un très-petit nombre de ces épreuves avant la lettre, qu'on enlève d'ailleurs successivement, ce seroit pour moi une raison de plus de les taxer plus haut ; mais avec vous, je ne veux pas m'en prévaloir et je me bornerai seulement au prix doublé de celui de l'estampe correspondante, ainsi que je viens de le dire...

Quoique je sois possesseur de la précieuse vigne des Sèves, je n'en estime pas moins les bonnes vignes des cantons que vous me cités et si j'étois riche j'en acquérerois une provision pour en faire boire à mes amis ; mais je ne le suis pas et d'ailleurs vous ne me cité pas les prix de ces différents vins suivant les années, ce qui m'auroit mis à la portée de faire mon calcul pour scavoir si j'en aurois pu acquérir un certain nombre de bouteilles.

Je vois avec plaisir, Monsieur, que vous vous formés un cabinet de tableaux et d'estampes ce qui fait l'éloge de votre goût et d'ailleurs pour l'exiter dans notre province parmi nos compatriotes et faire germer de jeunes plantes dans les arts qu'on ne scauroit cultiver trop soigneusement, afin que dans leur tems elles rapportent d'abondantes recoltes qui tournent à l'avantage de la patrie. On ne peut se dissimuler en effet pour présenter les artistes sous leur véritable point de vue que cette étoffe d'hommes ne soyent comme les abeilles qui, de rien pour ainsi dire, produisent un miel dont l'exportation verse constamment dans la patrie des richesses qui en sortent necessairement par quantité de canaux pour les besoins de l'etat. C'est par cette raison et pour exiter l'émulation parmi les artistes que je viens de former une exposition de tableaux et autres ouvrages dans un des Salons du Colisée dont le public a paru satisfait. Cette exposition aura lieu tous les ans et fera beaucoup de bien à la fois tant parmi les artistes en fomentant le désir de bien faire qu'on n'y sçauroit trop exciter que dans le public en y entretenant le goût des bonnes choses et par là même, en y augmentant le nombre des amateurs qui ne peut être trop multiplié pour l'avantage des arts...

DEMARCENAY.

(Collection de M. Portalis).

Paris, le 16 décembre 1776

C'est à moi, Monsieur, qu'il convient de vous faire des remerciements pour le plaisir que votre lettre m'a procuré il s'en faut bien qu'elle ne vous mette dans le cas des excuses. Quand on écrit avec autant d'urbanité n'est-on pas toujours sur de plaire.

Les petits reproches que vous me faites sur les éloges que je donne à la gravure à l'eau-forte au préjudice de celle au burin me font connoître qu'un peu de préjuge vous a empêché de faire attention au but de mon ouvrage. J'ai voulu faire sentir aux amateurs comme aux artistes que ce qui allège le génie dans les procédés de l'art, le fait briller avec plus d'aisance, le rend, en un mot, tel qu'il est, mérite, sans doute, la place d'honneur. Or la pointe procure au génie toutes les facilités de saisir la nature surtout quant elle est fugitive et qu'elle exige des moyens de la rendre aussi rapide qu'elle est passagère. J'ai d'ailleurs une observation à vous présenter touchant mon idée de la gravure, dont je vous rapelle exprès le titre qui ne me permettait pas de m'étendre. Je l'ai serrée de stile, afin d'en rendre les conséquences plus raprochées, plus sensibles à ceux qui la liront sans préjuges. Cette conduite de l'ouvrage m'a empesché d'entrer dans des explications sur ce qui pourroit y paroître negatif implicitement. Dans la crainte que ces explications superflues pour les connoisseurs, ne ralentissent la rapidité de ce discours proportionné au titre, enfin je me suis rassuré par ce passage d'Horace, contentus paucis lectoribus. C'est dans ce nombre, Monsieur, que je vous place, malgré vos objections, j'y retrouve avec satisfaction l'homme d'esprit dont le goût, tel qu'une plante vivace, n'a besoin que d'une simple rosée pour acquérir son developpement.

Quand vous aurés pris goût aux dessins des grands maîtres qui sont encore bien moins terminés que leurs eaux-fortes, vous sentirés alors l'avantage de ce procédé sur celui du burin c'est le fruict du tems, de la comparaison et des réflexions, qui ont fait monter successivement ces dessins à des prix foux, tandis que les estampes au

burin seul conserveront toujours des prix modérés par une suite de
la même comparaison.

Pour que vous ne me taxiez point d'injustice, j'accorde au burin
cet adoucissement qui peut beaucoup servir la pointe pour faire briller
l'esprit qui l'accompagne quand le sentiment guide l'un et l'autre
instrument, mais, en vous fesant cet aveu qui ne m'est point pénible
puisque je n'ai jamais pensé différemment, j'ose croire que de votre
coté, vous conviendrés aussi que le burin seul abandonné à lui-même,
est un outil froid, plus disposé à la molesse qu'à l'énergie, plus propre
à servir, enfin, qu'à dominer. C'est ainsi que je l'ai toujours jugé,
j'ose croire avec confiance dans votre goût, que vous reviendrés à
mon opinion quand vous l'aurez pesée.

Puisque vous connoissés Wischer, examinés ses ouvrages, vous y
verrés la tentative d'unir l'eau-forte au burin il en a fait assés, malgré
les préjugés d'alors pour prouver l'avantage de la pointe sur le burin,
un peu plus de résolution de sa part nous auroit procuré des chefs-
d'œuvre d'un ordre bien supérieur à ceux qu'il nous a laissés, il
n'avoit plus qu'un pas à faire pour reléguer le burin à sa place qui
est, je le répète, de servir et non de dominer.

Si vous aviés vu le portrait de Kinkotins de Hollar, son lièvre et
ses manchons et ses insectes, ainsi que ses petits paysages et d'autres
pièces, vous admireriés comme tous les connoisseurs, le parti que cet
habile homme a su tirer de l'eau-forte.

J'avoue avec plaisir que les ouvrages du comte Ghendt sont d'une
très grande force, dont en certains endroits un grain d'exécution qui
fait plaisir, mais, à moins de frais, sans doute, il eut produit ses
ouvrages s'il eut senti combien de charmes l'employ de l'eau forte
eut répandu sur ses travaux. La copie de sa Cérès par Hollar, quoique
inférieure à certains egards, ne prouve rien contre ma thèse, cela
montre seulement qu'Hollar eut mieux fait d'employer par ci par là
l'esclave pour adoucir ses travaux il y a lieu de croire qu'en toute
rigueur on pouvoit se passer du burin c'est un tour de force qu'il
auroit pu employer plus efficacemeut sur un sujet qui n'eut point été
traité.

Avant que de répondre à l'article de Régulus, je vois vous dire,
Monsieur, comment j'ai gravé ce morceau. Ayant vu chés un amateur
de ma connoissance une esquisse de ce sujet qui me plut beaucoup,
je lui demandai la permission d'en tirer une copie que j'ai peinte en
huile et où j'ai suplée les caractères qu'ordinairement les plus grands
peintres n'arrestent point dans leurs esquisses. J'avoue cependant que
le Régulus est resté dans ma copie tel que dans l'esquisse, M. Le Pes-
cheur ayant déterminé l'expression de la p^{re} personnage d'une manière

satisfesante. C'est d'après ma copie que j'ai gravé l'estampe. Malgré
les deffauts qui m'ont échappés, fatigué par le chapitre des inconvé-
nients qui me sont survenus dans le cours de cet ouvrage, je ne crois
pas m'être écarté du centre de gravité. Vous pouvés, Monsieur, aisément le vérifier en fesant passer un fil à plomb entre la jonction des
clavicules, si le plomb tombe hors du pied qui avance en avant, j'ai
tort, mais s'il est en deça, comme j'ai lieu de le croire, alors l'épreuve
me justifiera. Telle est la règle pour juger des aplombs.

Les encyclopédistes n'ont point répondu à ma lettre, je crois qu'ils
ont bien fait pour éviter des incursions dont ils se seroient peut-être
mal trouvés, car alors je n'estimois pas beaucoup cet énorme ouvrage
qui n'est par ses remplissages qu'une entreprise de libraire c'est-à-dire
de finance, ce qu'il m'étoit facile de prouver. A présent quoique je
ne l'estime pas davantage, je ne voudrois pas m'en donner la peine.

Par ma précédente à laquelle je me réfère, Monsieur, vous avés ma
réponse à la dre page de votre lettre, touchant les morceaux que vous
désires de mon œuvre.

Quant à l'article de mon portrait au sujet duquel vous vous expliqués
d'une manière si flatteuse, que je ne scai comment y répondre, je vous
dirai, Monsieur, que je l'ai peint il y a près de douze ans dans un
format propre à être gravé ainsi qu'on me fesoit l'honneur de le
désirer, je n'ai même fait l'eau-forte retouchée à certain point, depuis
le moment n'ayant point cessé d'être occupé soit d'une façon ou d'une
autre, cet ouvrage en est resté là et j'ignore même quand il sera
terminé.

Il me sera plus facile par la suite de vous fournir un échantillon de
ma manière de dessiner quoiqu'il soit sorti plusieurs dessins de
mes mains je compte que je pourrai en retrouver encore dans mes
portefeuilles.

C'est un porte lame que vous voyés dans la cuirasse du portrait du
comte de Berghe. Avés vous, Monsieur, la nappe de Masson, la prédi-
cation de St-Jean par Falk, d'après Bloemaert et les grandes chasses
de Wolet, célèbre graveur anglais, je connois ces morceaux chés une
personne et je crois qu'elle pourroit s'en défaire ils sont beaux.

Au surplus, Monsieur, je suis fort aise qu'à quelque chose mon
idée de la gravure vous ait plu; agréés en mes remerciements, ainsi
que les sentiments de la parfaite considération avec lesquels j'ai
l'honneur d'être,

Monsieur,

Votre très humble et très obéissant serviteur.

DEMARCENAY.

P.-S. — Je vous prie d'excuser si cette lettre se trouve accidentellement sur deux demie feuilles, sa longueur ainsi que la surcharge de mon courrier m'empeschent de réparer ce deffaut d'attention.

Je verrai sans doute avec beaucoup de plaisir le mémoire que vous m'annoncés. Vous pourrés, ainsi que les lettres dont vous m'honnorerés par la suite, les mettre sous le couvert de mon cousin de St-Prix qui me les rendra comme la dernière.

La même personne a pareillement une estampe du petit Joseph racontant son songe à Jacob avec la tête eclairée, ce qui rend l'estampe rare, avec une autre estampe de Rembrand faite pour le livre espagnol, aussi rare.

(Notre collection).

Paris, le 5 mars 1877.

Etant retombé malade, Monsieur, je profite d'un moment de répis que me laisse une vigoureuse colique pour me procurer l'honneur de vous répondre.

J'aurai toujours bien du plaisir à m'éclairer quand il vous plaira, comme musicien profond, rectifier mes idées sur un art où je ne suis guidé que par le sentiment de la simple nature ainsi que je crois vous en avoir fait bonnement l'aveu (1).

J'ai fait remettre aussitost à M. Watelet le paquet que vous m'avés envoyé pour lui dans la boete qui contenoit les deux estampes que j'ai pareillemant remises à leur possesseur.

En jugeant des choses par comparaison, il y a lieu de présumer que le vin de la dernière récolte, plus vineux au dire des gourmets que celui de 1775, aura moins à craindre les grandes chaleurs que ce dernier qui cependant n'a pas tourné. Il y a pareillemant lieu de croire que le discrédit dans lequel les deux commissionnaires qui viennent de faire banqueroute, l'un à Chalon et l'autre à Beaune, ont voulu méchamment faire tomber les vins, ne pourra nuir à leur vraie valeur, étant aisé de discerner par la différence des deux récoltes quel est le motif qui les a guidés. Le grand nombre des possesseurs qui n'ont pas voulu vendre prouve assés que la mauvaise intention de ces gens-là n'a séduit que le petit nombre toujours pressé de vendre par la nécessité de leurs affaires. Ces raisons qui vous sont autant et plus connues qu'à moi, me paroissent suffisantes pour vous rassurer

---

(1) Le baron de Joursanvault jouait du violoncelle. Il a laissé manuscrit une *Méthode* de cet instrument, pour laquelle Prud'hon fit des dessins indiquant la position des mains et de l'avant-bras, ainsi que les titre et frontispice de l'ouvrage.

sur l'achapt que vous me proposés. De mon côté, pour vous faire voir
que le désir de traiter avec vous me détermine plustost que la crainte
de la consommation du vin qu'on garde (puisque je scais à quoi m'en
tenir sur cela l'ayant éprouvé plusieurs fois avec avantage sur la
vente), j'accède au prix de deux cent soixante et dix livres par queue
que vous m'offrés de mon vin soustiré ; c'est une affaire conclue à ces
conditions respectives, désirant sur l'article des payements que vous
me ferés du produit des dix pièces de vin soustirées dont je puis dis-
poser, que vous me fournissiés une lettre de change sur Paris de six
cent livres à deux jours de vue, et le surplus dans le courant de juin
prochain en lettre pareillement sur Paris. Voilà de belles ventes où je
désirerois acquérir certains objets qui me feroient plaisir. Cependant,
si la lettre à deux jours de vue vous gesnoit tant soit peu, marqués le
moi ; j'aime mieux me priver d'une satisfaction et vous laisser le mois
entier pour vous donner des facilités à cet égard, attendu que je pré-
fère au désir de me satisfaire l'honnesteté dans le procédé, c'est par
la meme raison que je suis en toute lettre, très sincèrement, avec une
parfaite estime,

Monsieur,

Votre très humble serviteur.

Demarcenay de Ghuy.

Au dos de la lettre : à Monsieur, Monsieur le baron de Joursanvault,
à Beaune, en Bourgogne.

(Notre collection).

Après ces trois lettres de 1776 et 1777, nous trouvons l'année
suivante, les deux dernières gravures connues de Marcenay, qui
avait alors 51 ans.

Depuis et jusqu'à sa mort arrivée en 1811, nous n'avons pu
découvrir aucun renseignement sur son existence durant ce long
espace de 33 années.

Citons cependant à cet égard le passage suivant des *Graveurs
du XVIIIe siècle* : « Vers 1778, Marcenay semble cesser de graver,
« Wille si lié avec lui, qui dinait chez lui en bonne et nombreuse
compagnie, et qui de son côté invitait souvent le graveur-amateur
à ses soupers, n'en souffle plus mot. Lui serait-il donc advenu
quelque mésaventure, aurait-il modifié d'une façon regrettable
ses occupations et faudrait-il voir en lui le même Marcenay
« homme du monde mais libertin et mauvais sujet » qui en 1782,

fut mis à la Bastille en compagnie du libraire Costar, pour un pamphlet sur la reine intitulé *Vie d'Antoinette*? Cela nous étonnerait fort, car Marcenay paraît avoir eu toujours les meilleures et les plus honorables relations. »

La preuve en est fournie par le journal de Wllle, et les personnes qui lui prêtèrent des tableaux ou à qui il a dédié des gravures : l'électeur de Saxe, l'électeur palatin, le duc et la duchesse de Brunswick, les officiers municipaux d'Orléans, le vice-chancelier de France, le comte de Vence, le marquis de Brancas, le prince de Turenne, le duc de Sully, les marquis d'Argenson et de Mirabeau, le comte de Turpin, le baron de Kreelft, MM. de la Live, introducteur des ambassadeurs, Micault d'Harvelay, garde du trésor royal.

Marcenay avait formé un cabinet de près de 500 tableaux, dessins et d'environ 4000 estampes, portefeuilles et recueils des différentes écoles, qui fut vendu à la suite de son décès, les 26 et 27 juin 1811. Il s'y trouvait six peintures de Marcenay et la presque totalité de son œuvre gravé.

Marcenay a successivement habité : en 1755 et 1756, rue des Vieux-Augustins, près l'égoût ; de 1757 à 1764, quai de Conti, la deuxième porte cochère après la rue Guénégaud ; de 1764 à 1772, rue d'Anjou-Dauphine, la dernière porte cochère à gauche, en entrant par la rue Dauphine ; de 1775 à 1778, rue du Four Saint-Germain, la porte cochère en face de la rue des Ciseaux. Il mourut en 1811, rue du Gindre n° 1 ou n° 3, (aujourd'hui rue Madame).

Voici son texte de décès donné dans les *Actes d'état civil d'artistes français...* publiés en 1873, par H. Herluison.

« L'an 1811, le 6e j. du m. de mars, 11 h. du matin, par-devant nous, Maire, sont comparus Jn-Bte Girard, md de vin... et Louis Voisin, cordonnier,... lesq. n. ont déclaré que le j. d'hier, 10 h. du soir, Antoine de Marcenay de Ghuy, artiste peintre, âgé de 89 ans, natif d'Arnay, dép. de la Côte-d'Or, dm à Paris, rue du Gindre, n° 1, division du Luxembourg, est décédé en lad. demeure, non marié. »

XIe Arrondissement

La *Notice* de sa vente posthume, indique la maison mortuaire
rue du Gindre, n° 3.

Nous ne saurons mieux faire maintenant que de reproduire un
extrait de l'*Avertissement* de l'*Idée de la gravure*, 1764, dans lequel
Marcenay nous renseigne sur ses premiers travaux, en peinture
d'abord, puis en gravure : « On a mis à la suite de ces deux ouvrages
différentes descriptions des tableaux qui ont donné lieu aux estampes
renfermées dans ce recueil.

« Cet œuvre a commencé en 1754. Voici à quelle occasion. L'Auteur
a dessein de pénétrer la profonde intelligence du célèbre *Rembrandt*
dans le clair-obscur, dirigeoit pour lors ses études vers cette partie si
essentielle à la Peinture, et s'exerçoit avec la plume, à saisir l'esprit
que ce scavant Maître a répandu dans ses Estampes ; un de ses amis
ayant ses Études, lui conseilla de graver dans le genre de Rembrandt,
ce qu'il exécuta en copiant d'abord un petit Portrait ovale de ce Graveur, représentant un Militaire. Comme il n'a fait tirer qu'environ une
douzaine d'épreuves de cette planche qui s'est perdue, ainsi que les
exemplaires, il n'a pu l'insérer dans l'Œuvre ; n'en ayant conservé
qu'un exemplaire pour son Recueil des différents progrès de ses
planches, depuis la première épreuve successivement jusqu'à celle où
il a jugé l'Ouvrage terminé. L'Auteur a continué de graver jusqu'en 1758
avec de légères interruptions ; ensuite un de ses parents l'ayant pressé
de peindre en huile, il a fait d'autres épreuves à ce sujet, et croyant
ne pouvoir mieux faire sans avoir d'autres guides que son amour
pour ce bel art, il s'est attaché aux anciens Maîtres de différentes
Écoles, et surtout celle de Flandre pour puiser dans leurs ouvrages les
vrais principes du coloris qu'ils ont si bien connu, il a parcouru pendant quatre ans les différents genres dont la connaissance est nécessaire pour peindre l'Histoire, s'est attaché particulièrement à l'expression qui en est l'âme ; après quoi Il a fait sur la nature l'application
de ses remarques.

« Ce sont ces différents travaux qui ont occasionné l'interruption
qui se trouve entre les dates de quelques-unes de ses Estampes.

« On s'appercevra aisément en examinant cet Œuvre que l'Auteur
ayant d'abord suivi le goût de *Rembrandt* dans sa manière de
graver, il s'en est formé un autre tout nouveau, et qu'il n'a retenu
du premier que le *clair-obscur* comme la baze de toute espèce de
Gravure, qui sans lui deviendrait grise et froide. »

Marcenay s'est donc formé seul, par l'étude des œuvres des
anciens maîtres des différentes écoles. En peinture, on ne connait

guère que ses tableaux des expositions de Saint-Luc, en 1762 et
1764, du Colisée en 1776 et ceux faisant partie de sa vente posthume. Il se servait parfois du pinceau pour prendre copie des
sujets qu'il se proposait de graver ensuite. L'existence actuelle de
ses tableaux est inconnue.

La gravure l'occupa bientôt presque exclusivement et, dès ses
débuts, il se prit d'admiration pour la manière de Rembrandt,
dont, dans ses trois ouvrages imprimés, Marcenay exhalte l'incom-
parable génie.

Aussi c'est d'après le maître hollandais qu'il a le plus gravé,
soit dix estampes.

Malgré sa préférence bien caractérisée pour Rembrandt, après
s'en être inspiré quant aux procédés de gravure, et en avoir retenu
le « clair-obscur », Marcenay ne fut pas exclusif, et, en 1755,
année de ses débuts, où il est le plus abondant et où il reproduit
davantage d'œuvres de son maître favori, il grave d'après
Parrocel, Téniers, Tintoret, Van Dyck, Van Uden. Il continua
ainsi et nous voyons dans ses estampes les noms d'Aved, Ph. de
Champagne, Chardin, Gérard Dow, Ferdinand, Le Brun, Liotard,
Nattier, Perroneau, Pescheux, Porbus, Poussin, Rigaud, etc.

Comme il est facile de le constater, Marcenay ne fut pas un
graveur original, mais plutôt un traducteur de l'œuvre d'un
peintre, car il a peu gravé d'après lui-même, (21 pièces).

Son œuvre complèt (1 à 65) comprenant 315 pièces, savoir :
37 dessins, dont 7 n'ont point été gravés et 278 pièces, superbes
épreuves des différents états, depuis l'épreuve d'essai jusqu'à
l'état de la planche terminée, a fait partie de la vente Guichardot
(nº 1284), juillet 1875. Cette magnifique et précieuse collection,
probablement celle formée par l'artiste et que nous croyons être
portion du nº 39 de sa vente après décès, a été adjugée 1000 fr.
à Clément, l'un des experts de la vente.

Marcenay avait un talent très personnel et il tient une place
honorable parmi ses confrères du xviiie siècle. Ses eaux-fortes
sont aussi fines que les plus belles pointes sèches des meilleurs
graveurs.

Quoique amateur, Marcenay vendait ses estampes, ainsi que le prouve les prix portés à chacune d'elles sur les catalogues de son œuvre, en 1764 et 1773. C'est le *Testament d'Eudamidas* qui y est coté le prix le plus élevé, 12 livres.

Citons parmi ses meilleures productions, les portraits de *Turenne*, du *Maréchal de Saxe*, de *Stanislas-Auguste*, *Marie-Antoinette de Pologne, Jeanne d'Arc, Henri IV* ; puis *Le Ciel se couvre*, la *Bataille*, la *Femme à l'œillet*, le *Testament d'Eudamidas*, l'*Amour fixé* et *Tobie recouvrant la vue*.

Les gravures de Marcenay se composent de 71 pièces, 31 portraits et 40 sujets. Le Blanc, en donne 65, dont il y a lieu de déduire le *Portrait d'homme en buste, ayant une fraise au cou*, d'après *Van Dyck, 1763*, faisant double emploi avec le *Portrait du jeune seigneur* (nᵒˢ 32 et 33 de Le Blanc), et d'ajouter les 7 pièces suivantes :

1. *La Cabane*, deuxième composition sur la même planche que *La Forêt*, comptée une fois seulement par Le Blanc, à son nᵒ 59.

2. *Petit portrait perdu*, d'après REMBRANDT, cité par Marcenay, dans son *Idée de la gravure*, 1764.

3. *Portrait de M. M...*, exposé au Colisée, en 1776, nᵒ 43.

4-5. *Essais de paysage*, détachés du premier état du *Vieillard à la toque* (nᵒˢ 57 et 58)

6-7. *Dédicace et titre.*

Toutes les pièces de l'œuvre existent à l'état d'essai, inachevées, avec des différences, avant toute lettre, ou avec lettre et le numéro de l'œuvre ; nous mentionnons un grand nombre de ces variantes.

Nous allons donner les estampes de Marcenay, d'abord par ordre chronologique, puis celles qu'il a gravées d'après ses propres dessins et, enfin, ses reproductions de maîtres français et étrangers.

I

GRAVURES PAR DATES

(POUR CELLES NON DATÉES NOUS LES AVONS CLASSÉES AUX ANNÉES
OU ELLES ONT ÉTÉ POUR LA PREMIÈRE FOIS CONNUES DU PUBLIC,
LA DERNIÈRE ÉTANT L'EXPOSITION DU COLISÉE, EN 1776.)

1754

1. *Petit portrait perdu,* d'après REMBRANDT.
2. *Vieillard,* d'après GREUZE.

1755

3. *Tobie recouvrant la vue.*
4. *Charles Ier roi d'Angleterre.*
5. *Rembrandt.*
6. *Tintoret.*
7. *Vieillard à barbe blanche.*
8. *La Bataille.*
9. *L'Homme à la plume blanche.*
10. *La Bohémienne.*
11. *Le Ciel se couvre, hâtons-nous.*

1756

12. *Clair de lune.*

1757

13. *Téstament d'Eudamidas.*

1758

14. *Mirabeau.*
15. *Commencement d'orage.*

1762

17. *Son portrait.* (Peinture a Saint Luc, en 1762, N° 6.)

1763

17. *Jeune seigneur.*
18. *Sully.*
19. *Amour fixé.*

1764

20. *Henri IV.*
21. *Buste de femme.*
22. *Vieillard atrabilaire.*
23. *Enfant qui joue aux cartes.*
24. *Passage au bateau.*

1765

25. *Chancelier L'Hopital.*
26. *Marie-Antoinette de Bavière.*
27. *Stanislas-Auguste, roi de Pologne.*

1766

28. *Maréchal de Saxe.*

1767

29. *Comte de Berghe.*
30. *Charles V, roi de France.*
31. *Turenne.*
32. *La Cabane.*
33. *La Forêt.*
34. *Le Coucher du soleil.*

1768

35. *Bayard.*
36. *La Dame aux perles.*
37. *Les Voyageurs.*

1769

38. *Jeanne d'Arc.*

1771

39. *Buste d'homme, inachevé.*
40. *Vieillard à la toque.*
41. *Paysage, à gauche des rochers.*
42. *Paysage, à gauche des bois.*
43. *La Chute du jour.*

1772

44. *De Thou.*

1773

45. *Régulus retournant à Carthage.*
46. *Charles VII, roi de France.*
47. *Legoux de Gerland.*
48. *Paoli.*
49. *Savoie-Carignan,* (Eugène-François, prince de)
50. *L'Effroi.*
51. *L'Etonnement.*
52. *Vieillard appuyé sur deux béquilles.*
53. *La Fleuriste.*
54. *Les Pêcheurs.*

1775

55. *B. G. Sage.*

1776

56. *Charles, duc de Brunswick.*
57. *M. M···.*

1778

58. *Maréchal de Villars.*
59. *Rivière, à gauche des rochers.*
60. *Rivière, à gauche un bois.*
61. *Le Repos.*
62. *Vue d'un bois.*
63. *Paysage vu par une voûte de rochers.*

Les renseignements font défaut pour les dix estampes suivantes :

64. *D'Argenson* (mort en 1764).
65. *Balbus.*
66. *Un Cardinal.*
67. *Puységur.*
68. *Tête d'homme en haut bonnet fourré.*
69. *Paysan à la vache.*
70-71. *Dédicace et titre.*

II

GRAVURES D'APRÈS LUI-MÊME

1. *Son portrait.*
2. *M. M···.*
3. *B. G. Sage.*
4. *Buste d'homme, inachevé.*
5. *L'Effroi.*
6. *L'Étonnement.*
7. *Vieillard appuyé sur deux béquilles.*
8. *La Cabane.*
9. *La Forêt.*
10. *Les Voyageurs.*
11. *Paysage, à gauche des rochers.*
12.   —   —   *des bois.*
13. *La chute du jour.*
14. *Les Pêcheurs.*
15. *Le Repos.*
16. *Rivière, à gauche des rochers.*
17.   —   —   *un bois.*
18. *Vue d'un bois.*
19. *Paysage vu par une voûte de rochers.*
20-21. *Dédicace et titre.*

III

GRAVURES D'APRÈS DIFFÉRENTS MAITRES

Aved

22. *Mirabeau.*

Madame Baciarelli

23. *Stanislas-Auguste, roi de Pologne.*

Champagne

24. *Turenne.*

Chardin

25. *Enfant qui joue aux cartes.*

Devosge

26. *Legoux de Gerland.*

Gérard Dow

27. **La Fleuriste.**

Van Dyck

28. *Comte de Berghe.*
29. *Charles Ier, roi d'Angleterre.*
30. *Jeune seigneur.*

Ferdinand

31. *Président de Thou.*

Greuze

32. *Vieillard.*

Kopeski

33. *Savoie Carignan (Eugène-François, prince de)*

La Fontaine

34. *Charles, duc de Brunswick.*

Le Brrn

35. *Amour fixé.*

Liotard

36. *Maréchal de Saxe.*

Marie-Antoinette de Bavière

37. *Son portrait.*

Millet (Francisque)

38. *Passage au bateau.*

Nattier

39. *Argenson*

Parrocel, père

40. *La Bataille.*

Peronneau

41. *Buste de femme.*

Pescheux

42. *Régulus retournant à Carthage.*

Pourbus le Jeune (Franz)

43. *Henry IV.*
44. *Sully.*

Poussin

45. *Testament d'Eudamidas.*

Rembrandt

46. *Tobie recouvrant la vue.*
47. *Portrait perdu d'un militaire.*
48. *Rembrandt.*
49. *Vieillard à barbe blanche.*
50. *Dame aux perles.*
51. *Vieillard a la toque.*
52.   — *atrabilaire.*
53. *Homme à la plume blanche.*
54. *Paysan à la vache.*
55. *Commencement d'orage.*

Rigaud

56. *Maréchal de Villars.*

Téniers

57. *La Bohémienne.*

Tintoret

58. *Tintoret,*

Van Uden (L.)

59. *Le ciel se couvre.*

Vernet (Joseph)

60. *Le clair de lune*.
61. *Coucher de soleil*.

Inconnus

62 *Jeanne d'Arc*.
63 *Balbus*.
64 *Bayard*.
65 *Un Cardinal*.
66 *Charles V, roi de France*.
67 *Charles VII, roi de France*.
68 *Chancelier L'Hôpital*.
69 *Paoli*.
70 *Puységur*.
71 *Tête d'homme en haut bonnet fourré*.

Pour terminer, voici le catalogue descriptif général de l'œuvre peint et gravé de Marcenay, avec quelques notes qui le complètent.

I

PEINTURES

1. *Apparition de l'ombre de Samuel.*

« Saül, sur le point de donner bataille aux Philistins, voyant que
l'esprit du Seigneur s'était retiré de lui, voulut consulter la Pythonisse d'Endor; il se transporta chez elle, accompagné de deux
hommes seulement, et lui ayant demandé qu'elle évoquât Samuel,
celle-ci lui dit : « Vous savez que Saül a exterminé tous les magi-
ciens de ses terres; pourquoi me dressez-vous un piège peur me
faire périr ? » « Ne craignez rien, lui répliqua Saül, il ne vous arri-
vera aucun mal. »

« Sur cela, elle évoqua Samuel. Dès que son ombre eût paru,
aussitôt la Pythonisse s'écria: « Ah! vons m'avez trompée. Vous
êtes Saül. » Le roi, l'ayant rassurée, entendit les mots terribles que
prononça l'ombre de Samuel : *Scindet regnum de manu tua, et dabit
illud proximo tuo David.* Le Seigneur vous ôtera votre royaume et
le fera passer à David, votre plus proche parent. » (Livret de l'Exposition du Colisée, 1776, n° 23.)

Dessin. Haut. 23 pouces. Larg. 13 pouces.

Exposition de l'Académie de Saint-Luc, 1762, n° 152.

Probablement le même réexposé au Colisée, 1776, n° 23, où il est
classé à la peinture. Haut. 20 pouces. Larg. 16 pouces.

2 *Enée et la Sybille.*

Toile. Pas de dimensions.

Vente après le décès de Marcenay, 1811- N° 11.

3 *Testament d'Eudaminas.*

D'après Nicolas Poussin.

« L'auteur en a fait une copie avec un autre coloris, ayant été
déterminé à s'écarter sur ce point de l'original, parce que malheureusement il était faible dans cette partie, quoique vigoureux dans
l'effet. (Catalogue de l'œuvre de Marcenay en 1764. N° 14.) Voir la
gravure n° 2.

4 *Régulus retournant à Carthage.*

D'après Pescheux.

Lettre de Marcenay au baron de Joursanvault, du 16 décembre
1776, page 13.

Voir la gravure n° 3.

5 *Médaillon de Henri le Grand.*

Peint en marbre blanc.

Haut. 4 pouces 1/4. Larg. 3 pouces 1/2.

Saint-Luc, 1764. N° 131.

La même année, Marcenay gravait le portrait d'Henri IV, d'après
Pourbus; voir gravure n° 14.

6. *Son portrait.*

Haut. 14 pouces. Larg. 11 pouces.
Saint-Luc, 1762, n° 153.
Lettre au baron de Joursanvault, du 16 décembre 1776, page 14.
Gravé et inachevé : n° 18.

7. *Portrait de B. G. Sage, chimiste.*

Gravé en 1775; n° 25.

8. *Portrait d'un jeune seigneur.*

D'après Ant. Van Dyck.

« Il a pareillement fait une copie en huile de la même grandeur
« que l'original. » (Catalogue Marcenay, n° 18).
Vente Marcenay, n° 4.
Voir la gravure, n° 28.

9. *Buste de femme.*

D'après Péronneau.

« L'original est en pastel que l'auteur a copié en miniature ». (Catalogue Marcenay, n° 1).
Voir la gravure, n° 40.

10. *Le Vieillard atrabilaire.*

D'après Rembrandt.

« L'auteur l'a également copié en huile, en y ajoutant le caractère
« atrabilaire qu'on voit dans l'estampe. » (Catalogue Marcenay, n° 19).
Voir la gravure, n° 44.

11. *Portrait de Mlle****

Pas de dimensions.
Saint-Luc, 1764, n° 133.
A l'Exposition du Colisée, 1776, n° 29 : *Portrait de M*lle***. Nous
n'avons pu savoir si c'était le même portrait. Marcenay a souvent
ré-exposé de ses œuvres, peintures et gravures.

12. *Portrait de M****

Pas de dimensions.
Colisée, 1776, n° 28.
A ce salon, n° 43. Marcenay expose dans les gravures le *Portrait
de M**** (V. n° 17). Est-ce le même personnage peint et gravé par
lui ?

13. *Petit buste d'homme vêtu en persan.*

Pas de dimensions.
Saint-Luc, 1764, n° 134.

14. *Tête de jeune homme exprimant la colère.*

Dessin à l'aquarelle.
Haut. 0,09. Larg. 0,06.
A M. le baron Roger Portalis.

15. *Portrait de Montesquieu.*

>Dessin lavé à l'encre de Chine.
>Ovale, Haut. 0,075. Larg. 0,056.
>Notre collection. Don de M. le baron Roger Portalis.
>Ces deux pièces proviennent d'un lot de croquis, qui appartenait
>il y a 25 ou 30 ans, à un nommé Milhès.

16. *L'amour fixé.*

>D'après Le Brun.

>« L'auteur avant de graver ce tableau, l'a copié en huile de la même
>« proportion que l'estampe. » (Catalogue Marcenay, n° 17).
>Voir la gravure, n° 48.

17. *La bataille.*

>D'après Parrocel, père.

>« L'auteur a copié ce morceau, mais en y ajoutant des expressions
>« qui ne se trouvent point dans l'original. » (Catalogue Marcenay,
>n° 12).
>Voir la gravure, n° 49.

18. *Un pâtre et des animaux au bord d'une rivière près d'une forêt.*

>D'après Adrien Van de Velde ; copie peinte en 1760.

>Toile, Haut. 11 pouces, 9 lignes. Larg. 14 pouces, 6 lignes.
>Vente Marcenay, n° 9,

19-20. *Deux marines.*

>D'après Joseph Vernet.

>Toile, Haut. 18 pouces. Larg. 33 pouces.
>Vente Marcenay, n° 10.

21. *Le cabinet d'un curieux.*

>Haut. 31 pouces. Larg. 37 pouces.
>Saint-Luc, 1764, n° 154.
>Ré-exposé au Colisée, en 1776, n° 25, sous ce titre : *Le Cabinet
>d'un amateur.*
>Haut. 2 pieds, 10 pouces. Larg. 3 pieds 1/2.

22. *Tableau d'histoire naturelle.*

>Pas de dimensions.
>Saint-Luc, 1762, n° 155.
>Probablement le même ré-exposé au Colisée, 1776, n° 26, sous ce
>titre : *Un tableau représentant des vases, des fruits, des coquilles.*
>Haut. 2 pieds, 3 pouces. Larg. 2 pieds et passé à la vente Marcenay,
>n° 11, où il est ainsi catalogué : *Divers objets inanimés.*

23. *Bas-relief en terre cuite représentant des jeux d'enfants.*

>Haut. 12 pouces. Larg. 19 pouces.
>Saint-Luc, 1762, n° 156.
>Vente Marcenay, n° 11, sous ce titre : *Jeux d'enfants.*

24. *Bas-relief en bronze antique représentant des enfants qui jouent avec des raisins.*

> Haut. 7 pouces. Larg. 9 pouces.
> Saint-Luc, 1762, n° 137.

25. *Bas-relief imitant la terre cuite, représentant des enfants qui reviennent de la chasse.*

> Haut. 1 pied, 6 pouces. Larg. 2 pieds, 7 pouces.
> Saint-Luc, 1764, n° 132.
> Probablement le même ré-exposé au Colisée, 1776, n° 24, sous ce titre : *Un bas-relief peint en couleur terre cuite de Rouen, représentants un sujet de chasse.* Haut. 21 pouces. Larg. 2 pieds, 10 pouces.
> Vente Marcenay, n° 11 : *Jeux d'enfants.*

26-27. *Deux tableaux pendans représentant des fruits sous le même numéro.*

> Chacun Haut. 18 pouc. Larg. 1 pied 10 pouc.
> Du cabinet de M. de Peters.
> Colisée, 1776, n° 27.
> Ils ont fait partie de la vente Peters, le 9 mars 1779, et sont portés ainsi au catalogue : « N° 108 : De Marcenay. Deux bons tableaux : dans l'un on voit des pêches dans une jatte, un pot de grès et un vase de liqueur posés sur une table ; dans l'autre, un panier de prunes, des concombres, des pommes et un flacon carré. »
> Adjugés 37 francs les deux.

II

GRAVURES

1 *Tobie recouvrant la vue.*

Tobie, sa femme, son fils et l'ange occupent le centre de la composition et sont éclairés par une fenêtre située à leur gauche. Le
jeune Tobie, en oculiste, une aiguille à la main, et à la grande sur-
prise de plusieurs personnes représentées en demi teinte, enlève la
cataracte dont son père était affligé. Un sabre sur une table. A gauche,
un chien. A droite, un rouet et un fauteuil.

Au bas, au milieu : *A. de Marcenay, scul.* Sous le tr. c. à g. :
Rembrandt p. A dr. : *A. de Marcenay, sculpbat. 1755.* Sous la
date : *n° 11.* Dessous, au milieu : *Tobie Recouvrant la vue.* Puis les
armoiries du marquis d'Argenson et, de chaque côté, sur toute la
largeur : *Dédié à Monsieur le marquis de Voyer dArgenson, ‖
maréchal de camp des armées du roy, lieutenant général de l'Alsace.
‖ Gravé d'après l'original de son cabinet, haut de 17 pieds sur 14
de larg, par son très humble et très obéissant serviteur ‖ De Marcenay.* A g. : *A Paris, chez l'Auteur,* etc. (Toutes les inscriptions
sont à la pointe).

Haut. 0.228. Larg. 0.22.

Deux états signés, à des degrés divers d'avancement.

St-Luc, 1762, n° 162.

Catalogue Marcenay, 1764, n° 10.

Sa vente posthume, 1811.

(Le Blanc, n° 1).

2 *Testament d'Eudamidas.*

« La scène, comme on se l'imagine aisément, se passe dans l'in-
térieur d'une chambre où les murs répondent à l'état du Testateur,
n'offrent pour tout ornement que ses armes. Eudamidas est sur son
lit dans l'attitude d'un homme épuisé par la maladie. Il semble qu'à
travers les douleurs qu'il ressent on y distingue celle de quitter pour
jamais des objets qui l'attachent à la vie. Le Médecin est à côté de
lui, debout, la tête inclinée : de la main droite il calcule par les
mouvemens apesantis du cœur le peu d'instans qui lui restent ; on
lit le cruel arrêt dans ses traits. Le Notaire écrit ses dernières volontés
et, par son étonnement, fait sentir le sublime qu'elles renferment.

« Ce groupe, qui dit précisément ce qu'il faut (qu'il est bien peu
de tableaux à qui on puisse appliquer cette louange !) se lie naturel-
lement à un autre dont les expressions vont droit au cœur; il est
formé de la mère du mourant et de sa fille. La première assise sur
le pied du lit et baignée de ses larmes, soutient de ses genoux sa
fille abattue sous le poids de sa douleur ». — (Catalogue Marcenay,
1764, n° 14).

Sous le tr. c. à g. : *N. Poussin* p^x A dr. : *A . de Marcenay de Ghuy, p^{bat}. et sculpbat., n° 15.* — Au milieu : *Testament d'Eudamidas.* Puis, les armoiries des Micault et, de chaque côté, sur toute la largeur : *Dédié à Monsieur Micault d'Harvelay, garde du Trésor Royal* || *par son très humble serviteur De Marcenay de Ghuy.* || (Suit un extrait du testament d'Eudamidas). — *D'après l'original du Poussin qui est chez M. Beauchamp, rue des fossés-Montmartre.* || — A g. : *A Paris chez l'Auteur,* etc.

Haut. 0.254. Larg. 0.318.

Saint-Luc, 1762, n° 158.

Colisée, 1776, n° 32.

Vente Marcenay.

Description du *Testament d'Eudamidas, peint par Le Poussin et gravé par M. de Marcenay,* dans le *Mercure de France,* novembre 1757, mise en broch. in-8° s. l. n. d.

Fait pendant à *La Bataille,* n° 49.

Il a fait une copie à l'huile de l'original. V. Peintures n° 3.

(Le Blanc, n° 2).

3. *Régulus retournant à Carthage pour remplir sa parole d'honneur.*

Il occupe le centre de la composition, le corps penché en avant, dirigé vers la droite et étend les bras pour écarter sa femme, sa mère, sa fille et d'autres femmes qui voudraient le retenir. A sa gauche, son jeune fils saisit les plis de son manteau et à sa droite est un chien. Sur la gauche, un groupe de quatre sénateurs et une femme. A droite, un jeune homme enveloppé de son manteau, un vieillard, un enseigne tenant deux lances et deux adolescents. Derrière Régulus, au dernier plan, un groupe de jeunes hommes. Non loin de là, sur la même ligne, un autre jeune homme et un personnage levant les yeux au ciel. La scène se passe dans la cour du Capitole, dont un des côtés fait le fond. A gauche, médaillon en bas-relief, statue dans une niche et à droite une niche vide.

Dessous, au milieu : *Régulus.* Et sur toute la largeur : *Dédié à son Altesse sérénissime Electorale Monseigneur l'Electeur Palatin* || *La parole d'honneur est un pacte sacré* || *Que d'un sang généreux Régulus a scellé* || *Quiconque ose y manquer se couvre d'infamie* || *Et meurt civilement chaque jour de sa vie* || A g. : *A Paris, chez l'Auteur,* etc. A dr. : *Par son très humble et très obéissant serviteur, de Marcenay.*

D'après Pescheux.

Haut. 0^m25. Larg. 0^m28.

Le Blanc, le date de 1772.

N° 47 de la *Seconde partie du catalogue des estampes qui forment l'œuvre de M. de Marcenay de Ghuy.* Feuille gr.in-f° s. d. (1773).

Colisée, 1776, n° 30.

Vente Marcenay.

Il a fait une copie à l'huile de l'original. V. Peintures, n° 4.

(Le Blanc, n° 3.)

4. *Arc (Jeanne d'),* (1412-1431).

A mi-jambes, dans un encadrement rectangulaire. Vue de 3,4, debout, tournée vers la gauche, regardant de face, la tête légèrement inclinée vers l'épaule droite. Coiffée d'un chapeau orné de plumes, attaché sous le menton, longs cheveux épars. Vêtue d'une robe légèrement décolletée, avec manches à petits crevés. Elle tient dans la main droite une épée haute, le bras étant replié. Le bras gauche pendant. Derrière elle, des arbres forment fond ; dans les éclaircies, le ciel est blanc. — Sous le portrait, sur une partie blanche figurant une pierre recouverte dans le haut de broussailles qui entourent l'inscription suivante : *La Pucelle* || *d'Orléans*. Plus bas, au milieu de la pierre: *Fortitudine sua restituit Rem.* — Sous le tr. c. à g. : *N. Pine*; à dr. : *A. de Marcenay sculp. 1769.* — Au-dessous, sur toute la largeur : *M.M. les Officiers Municipaux d'Or-léans ont bien voulu communiquer ce portrait à l'Auteur.* — Plus bas : *A Paris chez l'Auteur,* etc., || *et chez M. Wille, graveur du Roi,* etc. Dans le haut, sur l'encadrement : *Pl. N° 37 de l'œuvre.*

Haut. 0.137. Larg. 0.087.

Autre état avant toute lettre.

Catalogue Marcenay 1773, n° 37.

Colisée, 1775, n° 46.

Vente Marcenay.

(Le Blanc, n° 5).

5. *Argenson (Marc Pierre de Voyer de Paulmy, Comte d'),* lieute-nant général de police, surintendant des postes (1696-1764).

A mi-corps, dans l'embrasure d'une fenêtre cintrée dans le haut. Vu de 3/4, tourné à droite. En perruque bouclée. Habit galonné, ouvert, laissant voir un jabot de dentelle. Sur le côté droit de l'habit est brodée la croix de Saint-Michel.— Sur le cintre de la fenêtre : *Marc Pet. de Voyer de Paulmy Com. d'Argenson.* Sur les consoles du cin-tre, à g. : *Nat. 16, Augt. 1696.* A dr. : *Obiit. 20 Augt. 1764.* Sur la plinthe : *Themidis alumnus.* || *Musarum amicus.* || *Militiae patro-nus.* || *Regi optimo.* || *Operlem diu sarrarit.* || *Amorem semper.* — Sous le tr. c. à g. ; *Natier pinx.* A dr. : *Ant. De marcenay scul.*

Haut. 0.143. Larg. 0.094.

Autre état avant toute lettre.

(Le Blanc, n° 6).

6. *Balbus (Hieronymus),* episcopus gurcensis.

(Le Blanc, n° 7).

7. *Bayard* (Pierre du *Terrail,* seigneur *de*), surnommé le *Che-valier sans peur et sans reproche* (1475-1524).

A mi-corps, dans un encadrement rectangulaire. Vu de 3/4, debout, tourné vers la gauche, regardant à droite. Coiffé d'un casque empa-naché. Couvert d'une armure. La main droite appuyée sur la hanche, le bras orné d'un nœud de ruban : il tient dans la main gauche un bâton de commandement. Derrière le personnage, des arbres forment fond ; dans les éclaircies le ciel est blanc. — Au haut de la tablette, au milieu, sous le portrait, une couronne formée d'une branche de laurier et d'une branche de chêne. Au milieu de la couronne : *Le*

Chevalier || *Bayard.* Dessous : *Sans Peur et sans Reproche.* Dans l'ch
cadrement : *Mr le Mquis de Bracas a bien voulu communiquer
ce Portrait à l'Auteur.* — Sous le tr. c. a g. : *N   Pinx :* — A dr. -
A. de Marcenay sculp. 1768. — Dessous l'encadrement : *A Paris
chez l'Auteur,* etc. || *et chez M. Wille,* etc. — Dans le haut, sur l'en-
cadrement : *Pl. n° 34 de l'œuvre.*
    Haut. 0,154. Larg. 0.092.
    Autre état avant toute lettre.
    Catalogue Marcenay 1773, n° 34.
    Colisée, 1776, n° 46.
    Vente Marcenay. 1811.
(Le Blanc, n° 8).

8. *Berghe* (Henri, *Comte de*). général espagnol (1573-1638).

    A mi-jambes, dans un encadrement rectangulaire. Vu de 3/4, de-
bout, la tête nue, tournée à droite, le corps de face. Il porte toute sa
barbe. Couvert d'une armure, col festonné. Epée au côté. Le bras
droit pendant, il tient dans la main un bâton de commandement ; le
bras gauche étendu en avant, orné d'une écharpe nouée, avec larges
bouts brodés. — Derrière le personnage, un rocher surplombant,
couvert de lianes. — A gauche, une montagne escarpée formant le
fond, au pied de laquelle est adossée une tour démantelée, battue en
brèche par un canon. — Ciel nuageux. — Au-dessous : *Henri Comte
de Berghe* || *Conseiller d'Etat de S. M. C. Philippe III Capne Gal et
Grand Maitre de l'artillerie* || *A Paris ches l'auteur,* etc. — Sous le
tr. c. à g. : *Vandick pinx. A dr. : de Marcenay sculp. 1767.* —
Dans le haut, sur l'encadrement : *Pl. n° 28 de l'œuvre.*
    Haut. 0.27. Larg. 0.202.
    Autre état avant le trait carré et avant la lettre.
    Catalogue Marcenay 1773, n° 28.
    Colisée, 1776, n° 40.
    Vente Marcenay, 1811.
    V, Lettre au Baron de Joursanvault, du 16 décembre 1776, page 14.
(Le Blanc, n° 9).

9. *Un cardinal.*

    Très petite pièce.
(Le Blanc, n° 31).

10. *Charles Ier, roi d'Angleterre* (1609-1649).

    Vu jusqu'au genoux. Debout, de face, tête nue, cheveux longs,
moustache et barbiche. En cuirasse, le bras droit appuyé sur un
casque et tenant à la main gauche un long bâton de commandement.
Collier pendant au cou. Dessous le tr. c. à la pointe : *A. de Marcenay sculp. 1755.* Dessous le cadre, au milieu, à la pointe : *Char
les I^r roi d'Angleterre.*
    D'après Ant. Van Dyck. Inachevé.
    Haut. 0.136. Larg. 0.112.
    Catalogue Marcenay, 1764, non numéroté.
    Sa vente posthume, 1811.
(Le Blanc, n° 4).

11. *Charles V*, dit *le Sage*, roi de France (1337-1380).

A mi-corps, dans un encadrement rectangulaire. Vu de profil, debout, tourné à gauche. Coiffé d'une calotte ornée, sur le côté gauche, d'une plume retenue par un brillant avec perle de forme allongée. Cheveux bouclés par derrière. Enveloppé dans un manteau fleurdelisé avec collet de fourrure. Le bras droit étendu, la main gauche appuyée sur la hanche. — Au bas du portrait, sur la tablette, une couronne formée d'une palme et d'une branche d'olivier, entoure l'inscription suivante : *Charles V* || *dit* || *le Sage* || Plus bas ces vers :

Que de beaux jours perdus, François, pour la Patrie!
Ces jours, qu'un poison lent retrancha de sa vie,
Formé par les malheurs au grand art de régner,
Charles V avoit sçu par ses soins ranimer
L'amour du bien public éteint dans l'Anarchie;
Modérer les Impôts, protéger l'industrie,
Sage enfin, œconome, actif et libéral
Il avoit subjugué son orgueilleux Vassal.

Sur l'encadrement : *M. le marquis de Brancas a bien voulu communiquer le Portrait à l'Auteur.* — Sous l'encadrement, à g. : *N. Pin;* — à dr. : *de Marcenay, sculp. 1767.* — Au milieu : *A Paris, ches l'Auteur,* etc. || *et ches M. Wille, Graveur du Roi,* etc. — Dans le haut, sur l'encadrement : *Pl. N° 31 de l'œuvre.*
Haut. 0.139. Long. 0.088.
Catalogue Marcenay, 1773. N° 31.
Colisée, 1776. n° 46.
Vente Marcenay, 1811.
L'eau-forte (état d'essai), a des esquisses dans les marges.

(Le Blanc, n° 11.)

12. *Charles VII*, dit le *Victorieux*, roi de France (1403-1461!)

A mi-corps, dans un encadrement rectangulare. De 3/4, à gauche, regardant de face. Coiffé d'une toque ornée d'une plume blanche sur le côté droit. Col de fourrure et collier au cou. Enveloppé dans un manteau qu'il retient de la main droite. — Tapis ornementé avec un soleil au milieu, posé sur le bord de la tablette et surplombant.
D'après un portrait appartenant au marquis de Brancas.
Haut. 0.14. Long. 0.09.
Catalogue Marcenay 1773, n° 39.
Colisée, 1776, n° 46.
Vente Marcenay, 1811.

(Le Blanc, n° 12.)

13. *Charles, duc régnant de Brunswick-Wolfenbuttel et de Lunebourg* (1713-1780).

Vu jusqu'aux genoux. Debout dans un parc. De 3/4, tourné à gauche, regardant de face. Tête nue, cheveux bouclés sur les côtés et terminés par un ruban. Habit avec manches à parements, laissant

voir les manchettes. Grand cordon en sautoir et décoration sur
le côté gauche. La taille entourée d'une ceinture retenant une épée
dont on ne voit que la poignée. Le bras gauche plié, la main passée
sous le gilet. De la main droite, il tient un bâton de commandement
appuyé sur un tertre où est posé un tricorne. — Dessous le cadre,
à g. : *la Fontaine, del* ; à dr. : *De Marcenay sculp.* — Dessous, au
milieu : *Charles Duc Régnant de Brunswick et de Lunebourg* || *Dédié
à son Altesse Sérénissime Par son très humble et très obéissant serviteur de Marcenay de Ghuy.*

Haut. 0.322. Long. 0.245.

Un état avant toute lettre et avant que, dans le bas, à droite, le
second trait soit terminé.

Un autre, avant lettre, l'encadrement terminé.

Colisée, 1776, n° 37.

(Le Blanc, n° 10).

Marcenay a dédié son *Essai sur la beauté*, 1770, « *à Son Altesse
royale madame la duchesse régnante de Brunswick et Lunebourg,
née princesse royale de Prusse.* »

14. *Henri IV roi, de France* (1553-1610).

A mi-corps dans un encadrement rectangulaire. Vu de 3/4, debout,
tourné vers la gauche, regardant de face. Tête nue, barbe, mous-
taches et cheveux gris relevés sur le devant. Fraise et grand cordon
avec la croix du Saint-Esprit autour du cou. Pourpoint entièrement boutonné. L'épaule gauche couverte d'un manteau, la main
gauche appuyée sur la hanche ; le bras droit écarté. — Fond noir. —
Au-dessous du portrait, un appui avec tablette ornée de guirlandes,
au milieu de laquelle est un cartouche oblong avec deux branches
de laurier. Dans le cartouche : *Henri le Grand.* Dessous, sur le
socle : *De nos pères, grand Roi ! tu finis les malheurs* || *Et les traits
mieux qu'ici sont gravés dans nos cœurs.* — Dessous le tr.c.à g. : *Jannet
pinx.;* à dr. : *Ant. de Marcenay de Ghuy sculpt. 1764.* — Dessous :
*Gravé d'après l'original de Jannet que M. le Duc de Sully a bien
voulu communiquer. — A Paris chez l'auteur, etc.* || *et chez
M. Wille, etc.*

Haut. 0.130. Larg. 0.078.

Deux états d'essai, avant lettre, à des degrés divers d'avancement.

Un autre avant lettre, sur papier de Chine.

Au catalogue de l'œuvre de Marcenay en 1764, n° 21, se trouve
cette note : « Les uns croient l'original de Porbus et les autres de
Jannet ; il paroît par la date de ce portrait qu'il a été peint l'année
même de la mort de ce bon roi. » — Jannet n'ayant pu connaître
Henri IV, le portrait serait plutôt de Franz Pourbus le jeune (1570-
1622), dont le Louvre possède deux portraits de Henri IV.

St-Luc, 1764, n° 138.

Colisée, 1776, n° 46.

Vente Marcenay 1811.

V. Lettre de Marcenay au baron de Joursanvault, du 5 novembre 1776,
page 11 et Peintures, n° 5.

(Le Blanc, n° 13).

15. *Legoux de Gerland (Bénigne)*, ancien Grand Bailly de la Noblesse du Dijonnais, Académicien honoraire de Dijon, auteur de divers ouvrages d'antiquités (1695-1774).

> Buste de profil à droite, tête nue, cheveux relevés par devant, bouclés sur les côtés et retenus derrière par un nœud de ruban. Habit à col de fourrure. — Dans un médaillon ovale posé sur une tablette où sont un livre ouvert, une épée, un casque et une branche de chêne. Sur le livre : *Essai sur l'histoire des 1ers Rois de Bourgogne par B. Le Goux de Gerland A. G. B. du Dijonnois. Acad. Hon.* — *Plus bas : De Marcenay, sculpt.* Sur le socle :
>
> *Dans le marbre animé nos grands hommes respirent ;*
> *Les Simples cultivés croissent pour nos besoins ;*
> *Fossiles, animaux, rassemblés par ses soins,*
> *Dévoilent la nature aux sages qui l'admirent.*
> *Nos cœurs reconnaissants consacrent à jamais*
> *Et son image et ses bienfaits.*
>
> *Les Académiciens de Dijon.*
>
> Sous le tr. c. à g. : de *Vosge del* ; à dr. : *Anno 1773*.
> Haut. 0.132. Larg. 0.17.
> Autre état avant toute lettre.
> Colisée, 1776, n° 41.
>
> (Le Blanc, n· 15).

16. *L'Hopital (Michel de)*, chancelier de France (1504-1573).

> A mi-corps, dans un encadrement rectangulaire. Vu de 3/4, debout, tourné à droite. Tête chauve. Il porte toute sa barbe. Robe à larges manches, sous laquelle il porte une soutane entièrement boutonnée, avec ceinture à la taille. — Fond noir. — Sous le portrait, sur le couronnement : *Salus populi suprema lex esto.* — A g. : *N. Pt* ; à dr. : *Ant. Demarcenay sc. 1765.* — Sur le socle, au milieu d'une cavité circulaire, une urne funéraire sur laquelle est écrit : *Michel ‖ de ‖ l'hôpital.* — Au milieu, sur toute la largeur : *Gravé d'après le Portrait que Mgr le Vice-Chancelier a bien voulu communiquer ‖ A Paris, chés l'Auteur, etc. ‖ et chés M. Wille, Graveur,* etc. — Dans le haut, sur l'encadrement. *Pl. n° 24 de l'œuvre.*
> Le Blanc dit que cette gravure a été faite d'après le tableau de Nattier.
> Haut. 0.124. Larg. 0.076.
> Un état avant toute lettre.
> Catalogue Marcenay 1773, n° 23.
> Colisée, 1776, n° 47.
> Vente Marcenay, 1844.
>
> (Le Blanc, n° 14.)

17. *Portrait de M. M...*

> Colisée, 1776, n° 43.
> A cette exposition, n° 28, Marcenay avait en peinture : le *Portrait de M. M..* Est-ce le même personnage ?
> Voir peinture, n° 12.

18. *Marcenay de Ghuy* (*Antoine de*), peintre et graveur français,
(1724-1811.)

A mi-corps, dans l'embrasure d'une fenêtre simulée en pierre et
cintrée dans le haut. Sur le dessus du cintre, des lianes et des
arbustes. Vu de 3/4, debout, tourné vers la gauche, regardant de
face. Tête nue, cheveux relevés sur le devant, bouclés sur les côtés
et terminés derrière par un nœud de ruban. Veste ouverte laissant
voir le gilet. Foulard rayé autour du cou. Un livre est posé à plat, à
gauche, sur le dessus de l'appui de la fenêtre. Sur l'appui, entre-
croisés, une plume, un appuie-main et un pinceau. Sous l'appui, deux
guirlandes accompagnent une petite niche dans laquelle est placé un
vase décoré des armoiries de Marcenay de..... au croissant de.....
accompagné en chef d'une étoile de..... L'écu timbré d'une couronne ;
supports, deux lions. Au milieu, sous le cadre, à la pointe : *A. Demarcenay de Ghuy se ipsum phat. et, scbat.* — A dr. : *Planche n° 17-*
D'après sa peinture, exposée à Saint-Luc, 1762. Voir n° 6.
Haut. 0.290. Larg. 0.213.
Planche inachevée, non citée dans les catalogues de Marcenay,
1764 et 1773.
Vente Marcenay, 1811.
Voir lettre au Baron de Joursanvault, du 16 décembre 1776, page 14.
et Peintures, n° 6.
(Ce portrait est reproduit dans notre notice).

(Le Blanc, n° 16.)

19. *Marie-Antoinette de Bavière*, épouse de Frédéric-Christian-
Léopold, électeur de Saxe (1724-1782.)

En bute, dans un médaillon retenu par un ruban à une
pyramide sommée d'une boule ornée d'un œil au milieu et
surmontée d'une flamme. Vue de 3/4, tournée vers la droite.
Tête nue, cheveux relevés sur le devant. Collier à deux
rangs de perles. Corsage décolleté jusqu'à la naissance des seins.
Les épaules recouvertes d'un manteau garni de fourrure, retenu sur
le devant par une agrafe en brillants. — Fond noir. — Sur le dessus
du socle de la pyramide, parmi divers attributs des arts, un coussin
avec glands supportant un sceptre et une couronne. Derrière la
pyramide et formant fond, une terrasse ombragée d'arbres, sous
lesquels on voit des promeneurs. — Ciel nuageux. — Sur le socle :
Inter Sola, ad unare il Ciel potea || *Un Apollo, un Apelle, et un
Astrea.* — Sous le tr., au milieu : *Son Altesse Royale s'est peinte
elle-même en Pastel.* || *In. et Grac. par de Marcenay de Guy en
1765.*
Haut. 0.21. Larg. 0.142.
Un état avant toute lettre.
Colisée, 1776, n° 38.

(Le Blanc, n° 19.)

20. *Petit portrait d'un militaire.*
D'après Rembrandt, 1754.
Ovale.

Première gravure de Marcenay, tirée à une douzaine d'épreuves, dont il n'en a conservé qu'une.

Idée de la gravure, 1764.

21. *Mirabeau* (Victor Riquetti, *Marquis de*), surnommé l'*Ami des hommes*, économiste, (1716-1789).

A mi-corps. Debout dans l'embrasure d'une fenêtre cintrée dans le haut ; au milieu du cintre. sculpté, un casque posé de face. surmonté de trois plumes et couronné. — Vu de face, cheveux relevés et bouclés sur les côtés, attachés derrière par un nœud de ruban. — En cuirasse, le bras droit écarté, le gauche sur la hanche. — Sur la tablette **Ipse Hominum** *pariter lamen* **Amicus** *amor.* — De chaque côté de la tablette. à g. : *Ared pictor regius p.:* à dr. : *A. De Marcenay de Ghuy* || *schat. 1758* — Sur le socle, au milieu, armoiries de Mirabeau et. de chaque côté, *Victor de Riquety Marquis de Mirabeau Comte de* || *Beaumont, seigneur du Duché de* || *Roquelaure premier Baron du Limosin.* — Dessous, au milieu de la plinthe : *Offreghat obsequeney sumes. A. de Marcenay de Ghuy, 1758.* — Puis, dessous : *A Paris ches l'Auteur,* etc. ; à g. : *Planche n° 16.* A dr. : *N° 3 des Hommes illustres gravés par l'Auteur.*

Haut. o.195. Larg. 0.115.
Etat d'essai, signé.
Catalogue Marcenay, 1764, n° 15.
Colisée, 1776, n° 39,
Vente Marcenay, 1811.

(Le Blanc, n° 17.)

22. *Paoli* (*Pascal*), général corse, (1726-1807).

Buste de 3/4, à droite. Tête nue, cheveux roulés sur les côtés, retenus derrière par un nœud de ruban. Pas de barbe. Jabot. Au bas : *Le Général Paoli.*

Sous le tr. c. à g. : *N. del.* ; à dr. *De Marcenay sculp.* Dessous, sur toute la largeur : *Une personne de Considération a envoyé de Corse ce portrait* || *A Paris, ches l'Auteur, et ches M. Wille,* etc.

Ovale. Haut. 0.10. Larg. 0.977.
Etat avant toute lettre.
Catalogue Marcenay 1773, n° 38.
Vente Marcenay, 1811.

(Le Blanc, n° 18.)

Ce portrait est la reproduction d'un semblable, à gauche, placé sur un socle et sans nom d'auteur. Autour de l'ovale on lit : *Pascal de Paoli cy devant chef des Corses.* Et sur le socle :

Capitan soudoyé par des Bourgeois de Londres
Intrépide au conseil, invisible au combat,
A leur espoir brillant pourquoi ne pas répondre?
On n'est pas Général quand on n'est point Soldat.
De mutins abattus, chef Héroï-comique,

Lorsque tu proposas voulant devenir Roy
Pour mon Etre moral ce beau trône phisique
Tu te moquas gauchement politique.
De tes suppots, du bons sens et de moy.

Courrier de Monaco.

23. *Puységur* (Jacques-François-Maxime Chastenet, *Marquis de*),
Colonel du Régiment du Vexin (1656-1743).

En buste, dans un petit médaillon. De 3 4 à droite. Cheveux relevés par devant, bouclés sur les côtés et terminés derrière par un
nœud de ruban. Habit galonné, jabot de dentelle. Le médaillon est
posé au sommet d'un piédestal et entouré d'une guirlande qui vient
rejoindre un écu armoirié et couronné, placé dessous. Au bas du piédestal, sur le socle, un livre ouvert, sans inscription ; à gauche,
les attributs de l'agriculture ; à droite, ceux de la guerre avec des
fleurs et des fruits. Fond boisé ; à gauche, deux grands arbres ; à
droite, une éclaircie.

Haut. o.21. Larg. 0.141.

Trois états différents de l'eau-forte pure.

(Le Blanc, n° 21.)

24. *Rembrandt van Ryn*, peintre et graveur hollandais, (1608-
1669.)

Debout à mi-corps, dans un encadrement rectangulaire. De 3/4 à
gauche, regardant de face. Coiffé d'une toque blanche, cheveux bouclés. Robe de chambre garnie de fourrure. La main gauche appuyée
sur la hanche ; la droite tient une palette, des pinceaux et un
appuie-main. Sous le tr. c., à g. : *A. de Demarcenay sculbat 1755.*
A dr. : *Rembrandt px.* Dessous l'encadrement, au milieu, les
armoiries du comte de Vence, puis, de chaque côté, sur toute la
largeur : *Portrait de Rembrandt || Peint par lui-même, gravé*
d'après le tableau original || haut de 3 pieds 1/2 sur 3 de large
du cabinet de Monsieur || le comte de Vence Maréchal de Camp des
Armées du Roy || Se vend ches l'Auteur, etc.

Haut. 0.145. Larg. 0.124. Mêmes dimensions que celui du Tintoret.

Etat d'essai, signé.

Catalogue Marcenay, 1764, n° 7.

Vente Marcenay, 1811.

(Le Blanc, n° 22.)

Cette gravure et le portrait de Rembrandt qui est au Musée du
Louvre, sont semblables, sauf quelques variantes dans la gravure.

25. *Sage* (*Balthasar-Georges*), chimiste (1740-1824).

A mi-corps, dans une bordure ovale, équarrie et supportée par
un socle ; le haut de l'ovale est garni de feuillage. Vu de 3/4, tourné
à droite, regardant de face. Cheveux relevés par devant, bouclés sur
les côtés et terminés derrière par un nœud de ruban. Habit ouvert,

laissant voir un gilet à ramages entr'ouvert et un jabot de dentelle.
Manchettes de dentelle. — Sur le dessus du socle, des cornues
accompagnent l'ovale. — Sur la tablette ou socle : *B. G. Sage* || *Des
Académies Royales de Paris et de Stockolm* || *et des Académies Im-
périale et Electorale de Mayence.* — Sur la tablette, au milieu :
Discipuli Magistro. — Sous le tr. c., au milieu : *A. De Marcenay
pinx et sculp.* 1775. — Au-dessous, sur toute la largeur : *A Paris
chez l'Auteur,* etc.

H. 0.158. L. 0.103.
Colisée, 1776, n° 42.
V. Peintures, n° 7.

(Le Blanc, n° 24.)

26. *Savoie-Carignan* (*Eugène*-François, *Prince de*), dit le *Prince
Eugène,* général de l'Empire (1663-1736).

A mi-corps, dans un encadrement rectangulaire. Vu de 3/4, debout,
tourné à gauche. En longue perruque bouclée. Couvert d'une armure,
ayant le grand cordon de l'ordre de la Toison d'or autour du cou.
L'épaule droite couverte d'un manteau à collet de fourrure. — Fond
noir. — Sous le portrait, sur une petite tablette placée au milieu du
couronnement de l'appui et soutenue par deux palmes entre-croisées,
on lit : *Le Prince Eugène.* — Sur l'appui, sous les palmes, ce
quatrain :

> *C'est toi, France, qui le vis naître,*
> *Et l'Empire s'accrut du fruit de ses travaux,*
> *Quand la nature enfanta des héros.*
> *Heureux les Souverains qui savent les connoître.*

Au dessous, sur l'encadrement : *M. le baron de Kreefft cons.er Aul.
au Dép. des Aff. étran. de L. M. Imp.* || *a bien voulu communiquer
ce Portrait à l'Auteur.* — Sous le titre, à g. : *Kopeski fec.* ; à d.:
A. De Marcenay sculp., 1773. — Sur toute la largeur : *A Paris chez
l'Auteur,* etc. || *et chez M. Wille, Graveur du Roi,* etc. — Dans le
haut, sur l'encadrement : *Pl. n° 42 de l'œuvre.*

Haut. 0.139. Larg. 0.'88.
Etat avant toute lettre.
Catalogue Marcenay 1773, n° 42.
Colisée, 1776, n° 47.
Vente Marcenay, 1811.

(Le Blanc, n° 25.)

27. *Saxe* (Hermann-Maurice, Comte de), duc de Courlande et
maréchal de France (1696-1750).

A mi-jambes, dans un encadrement rectangulaire. Vu de 3/4,
debout, tourné à gauche, regardant de face. Cheveux relevés sur le
devant, bouclés sur les côtés et terminés derrière par une longue
tresse ornée d'un nœud de ruban. En costume de son grade, avec
les insignes d'un ordre brodés sur le côté gauche de son uniforme.
Sabre au côté, retenu par un baudrier. Les mains gantées. Il tient
de la main droite une calotte bordée de fourrure, posée devant lui

sur un tertre où est dressée une tente que l'on ne voit qu'en partie ,
dans la main gauche, le bâton fleurdelisé de maréchal appuyé verti-
calement sur le tertre. — Le fond est formé d'une futaie au-dessus
de laquelle on voit le ciel nuageux. — Sous le portrait, sous une
petite tablette placée au milieu du couronnement et ornée de palmes,
on lit : *Le Maréchal de Saxe*. — Sur l'appui, au-dessous des palmes,
ces vers :

> *Tu voulus qu'aux Champs de la gloire*
> *Ce fier Saxon vengeât les droits*
> *France ; il fut digne de ton choix.*
> *Son bras te soumit la Victoire,*
> *Et son cœur a chéri les Loix.*

Sous l'encadrement, à g: *Liotard pinx* ; à dr : *De Marcenay sc.
1766.* — Sur toute la largeur : *Gravé d'après l'Original que M. le
Comte de Turpin a bien voulu communiquer* || *A Paris chez l'Au-
teur et chez M. Wille*, etc. — Au-dessus de l'encadrement : *Pl n° 27
de l'œuvre.*

Haut. 0.140. Larg 0.089.
Etat avant la lettre.
Etat avec la lettre et le ciel blanc,
Etat avec la lettre et le ciel couvert de nuages.
Catalogue Marcenay 1773, n° 27.
Colisée, 1776, n° 47.
Vente Marcenay, 1811.

(Le Blanc. n° 26).

Le portrait original a passé à la vente des *Portraits historiques*,
provenant du château d'Azay-le-Rideau, 13 et 14 mai 1901, (Cheval-
lier, c^{re} p^r; Féral et Mannhein, experts). Désigné ainsi au catalogue :
« *70, Maréchal de Saxe. Toile. Haut. 63 cent.: larg. 50 cent.
Ecole française* », il a été adjugé 720 francs. Ce portrait est actuellement au Musée de l'Armée (Hôtel des Invalides). La gravure de
Marcenay le reproduit entièrement et exactement.

28. *Le jeune Seigneur.*

En buste, dans un encadrement rectangulaire. De 3/4 à gauche,
tête nue, cheveux noirs relevés, moustache et barbe au menton.
Grande fraise au cou et chaîne pendante. Robe noire boutonnée. —
Sous le tr. c. à g: *Ant. Vandick pinx.* : à dr : *Ant. Demarcenay
p^{bat} et sculp^{bat} 1763.* (L'état avant la légende porte à la suite :
n° *19*). — Dessous : *A la mémoire de l'illustre Vandick Peintre de
la Nature* || *A Paris chez l'Auteur*, etc., et chez *M. Wille*, etc.

Haut. 0.125. Larg. 0.89.
Etat signé, sans légende et avec le n° de l'œuvre.
Fait pendant au *Vieillard atrabilaire.*
Catalogue Marcenay, 1764, n° 18.
Saint-Luc, 1764, n° 136.
Vente Marcenay, 1811.
V. Peintures, n° 8.

Cette estampe fait double emploi avec le n° 32 de Le Blanc :
*Portrait d'homme en buste, ayant une fraise au cou. Ant. Van Dyck,
1763 in-8°*. Ainsi désignée, c'est l'épreuve avant toute lettre du

Jeune Seigneur, qui, de plus, a parfois été prise pour le *Portrait de Van Dyck*. Du reste, Marcenay cite seulement *Le jeune Seigneur* dans son œuvre de 1764 et n'y indique pas de portrait du peintre flamand.

(Le Blanc, n°s 32 et 33).

29. *Stanislas-Auguste Poniatowski, roi de Pologne* (1732-1798).

En buste, dans un médaillon élevé dans les airs par un aigle qui tient dans son bec une couronne de laurier et des foudres dans les serres de la patte droite ; le tout est entouré de nuages, traversés par un rayonnement qui éclaire dans le bas un paysage reproduisant le profil de deux villes. — Personnage vu de 3/4, tourné à gauche, regardant de face. Cheveux relevés sur le devant, bouclés sur les côtés et terminés par un nœud de ruban. En armure. L'épaule droite couverte d'un manteau d'hermine agrafé par un brillant sur l'épaule gauche. Sous le tr. c. à g : *Mde Baciarelli effipinx : à dr. : Demarcenay Inv. et sc 1765*. Au milieu, dans la marge: *Stanislao-Augusto* || *Poloniæ Regi* || *Spectra dedere ducés meritis : tu præmia laude* || *ex superas : Tito Rege Polonus orat* || *Offerebat humillimus et obsequentissimus servus* || *Demarcenay de Guy*. — Les deux lignes de cette dédicace sont séparées du reste de l'inscription par une accolade.

Haut. 0.111. Larg. 0.87.
Etat d'essai, avant lettre.
Colisée, 1776, n° 47,

(Le Blanc, n° 20).

30. *Sully (Maximilien de Béthune, Baron de Rosny, puis Duc de)* homme d'état (1560-1641).

A mi-corps, debout, dans un encadrement rectangulaire. Vu de 3 4, tourné à gauche, regardant de face. Tête nue, chauve et cheveux courts sur les côtés. Il porte toute sa barbe. Collerette de mousseline. En armure, avec une écharpe en sautoir nouée sur l'épaule gauche. — Fond noir. — Sur la tablette du socle accompagné de guirlandes, l'inscription suivante : *Maximilien de Béthune* || *Prince Souverain d'Enrichemont et de Bois* || *Belles, Duc de Sully, Pair, Maréchal, et* || *Grand Maître de l'Artillerie de France* || *Ministre digne d'Henri-le-Grand*. — Sur la plinthe du socle :

> *Puissent ces traits en rappelant ses vertus*
> *Susciter dans l'univers des hommes qui lui ressemblent.*

Sous le tr. c. à g : *F. Porbus pinx: à dr. : Ant. de Marcenay de Ghuy sculpt. 1763.* — Dessous, sur toute la largeur : *Gravé d'après l'Original, de Porbus, que M. le duc de Sully a bien voulu communiquer.* || *A Paris ches l'Auteur, etc.* || *et ches M. Wille, etc.* Au dessus de l'encadrement : *Pl. n° 20 de l'œuvre.*

Haut. 0.128. Larg. 0.079.
Etat avant toute lettre.
— avec lettre, en haut le n° de l'œuvre et sous l'encadrement du bas, la mention : *Gravé d'après l'original...*

Le même sans n° de l'œuvre et avec la mention précédente, comprise dans l'encadrement, prolongé au bas.

Catalogue Marcenay, 1764, n° 20.
Saint-Luc, 1764, n° 137.
Colisée, 1776, n° 46.
Vente Marcenay, 1811.

(Le Blanc, n° 27).

Voir lettre au Baron de Joursanvault, du 5 novembre 1776, page 11.

31. *Thou (Jacques, Auguste de)*, magistrat et historien (1553-1617).

A mi-corps dans un encadrement rectangulaire. Vu de 3/4, tourné vers la droite, regardant de face. Tête nue, cheveux courts. Il porte moustaches et barbiche. Collerette tuyautée. Robe garnie de fourrure, avec manches ouvertes sur le côté et ornée de brandebourgs. — Fond demi-clair, obscur. — Sous le portrait, au milieu et au haut de l'appui laissé en blanc, un œil, placé au centre d'un rayonnement est entouré de nuages. De chaque côté : *Le Président* || *de Thou*. De chaque côté :

> *Des Magistrats, de Thou fut le modèle*
> *Par son propre savoir et son intégrité,*
> *Judicieux auteur, Historien fidèle :*
> *Pour son Nom, que de droits à l'Immortalité !*

Sous le tr. c. à g. : *Ferdinand Pinx* ; à dr. : *De Marcenay, sculp. 1772.* — Dessous l'encadrement, au milieu : *A Paris, ches l'Auteur,* etc. || *et ches M. Wille,* etc. — Au-dessus de l'encadrement : *Pl. n° 41 de l'œuvre.*

Haut. 0.139. Larg. 0.088.
Etat avant toute lettre.
Catalogue Marcenay 1773, n° 41.
Colisée, 1776, n° 41.
Vente Marcenay. 1811.

(Le Blanc, n° 28).

32. *Tintoret* (Jacopo Robusti, dit *Le*) peintre italien (1519-1594).

A mi-corps, vu presque jusqu'aux genoux, dans un encadrement rectangulaire. De 3/4, debout, tête nue, à droite, regardant de face. Vêtu d'une veste noire et d'un manteau de même couleur ; la main droite appuyée sur un livre, l'autre semble indiquer quelque chose. — Sous le tr. c. à g. : *Tintoret px* ; à dr. : *A. de Marcenay sebat. 1755.* — Dessous, au milieu, les armoiries du comte de Vence et, de chaque côté, sur toute la largeur : *Portrait de Tintoret* || *Peint par lui-même, gravé d'après le Tableau Original* || *haut de 3 pieds 1/2 sur 3 de large, tiré du cabinet de Monsieur* | *le comte de Vence, maréchal de camp des armées du Roy* || *Se vend ches l'Auteur,* etc. (Toutes ces inscriptions sont à la pointe).

Haut. 0.117. Larg. 0.126.
Etat avant légende, signé.
Catalogue Marcenay, 1764, n° 8.
Sa vente posthume, 1811.

(Le Blanc, n° 23).

33. *Turenne* (*Henri de la Tour d'Auvergne, vicomte de*), maréchal de France (1611-1675).

A mi-corps. dans un encadrement rectangulaire. Vu de 3 4, debout, tourné vers la gauche, regardant vers la droite. En perruque blanche, il porte moustache et mouche. Col de dentelle attaché avec des cordons à glands. En armure, avec écharpe en sautoir. Il est accoudé du bras gauche sur une pierre servant de socle et recouverte de mousse et de feuillage ; il tient dans la main le bâton fleur delisé . La main droite semble être appuyée sur la hanche. — Le fond est ombragé par des arbres. — Ciel blanc. — Sur le socle, entre le bras du personnage et une guirlande de feuillage, on lit : *Le Vicomte de Turenne*. — Au milieu du socle, sous la guirlande ; *Il fesoit honneur à l'Homme* || *Montecuculli, en apprenant la Mort de ce Gd Homme*. — Sur l'encadrement : *M. le Prince de Turenne a bien voulu communiquer l'Original à l'Auteur*. — Sous le tr. c.à g. : *Champagne effig. pinx :* à dr. : *de Marcenay sculp. 1767*. — Au milieu : *A Paris ches l'Auteur*, etc. || *et ches M. Wille, graveur*. — Au-dessus, au milieu de l'encadrement : *Pl. n° 30 de l'œuvre*.

Haut. 0.140. Larg. 0.091.

Etat avec la lettre et le ciel blanc.

Etat avec la lettre et le ciel couvert de nuages.

Catalogue Marcenay 1773, n° 30.

Colisée, 1776, n° 47.

Vente Marcenay, 1811.

L'eau-forte (état d'essai) est accompagnée de l'eau-forte du petit paysage *Les Pêcheurs* qui, détachée de la planche, a formé plus tard un numéro spécial de l'œuvre. Voir n° 58.

(Le Blanc, n° 29).

Le portrait original a passé à la vente des *Portraits historiques*, du château d'Azay-le-Rideau, indiquée déjà à l'article du *Maréchal de Saxe* ; — n° 64 du catalogue, — acquis pour 1.100 fr., par M. de Castries, il est actuellement au Musée de l'Armée (Don de la Société *La Sabretache*).

34. *Villars Claude-Louis-Hector* (*duc de*), maréchal de France, (1653 1734.)

A mi-corps, dans un encadrement rectangulaire. Vu de 3/4. debout, la tête tournée à droite, le corps à gauche. En perruque bouclée. En armure, avec le grand cordon en sautoir. Autour du cou, les insignes de l'ordre de la Toison d'or. Le bras droit étendu, la main gauche appuyée sur la hanche. Le bras recouvert d'un manteau d'hermine sur lequel est brodée la croix du Saint-Esprit. — Sous le portrait, sur une petite tablette, placée au milieu du couronnement de l'appui et soutenue par deux palmes entre-croisées, on lit : *Le Maréchal de Villars*. Sur l'appui, sous les palmes :

Sa valeur héroïque entraina la victoire,
Et l'affaire Denain mit le comble à sa gloire.

Au-dessous. dans l'encadrement, à g , : *Rigaud pinx.* ; à dr, : *De Marcenay, 1778*. Sous l'encadrement et sur toute la largeur :

A Paris ches l'Auteur, etc. — Au-dessus de l'encadrement : *Pl.
n° 18 de l'œuvre.*
Haut. 0.140. Larg. 0.089.
Vente Marcenay, 1811.
L'état avant toute lettre a quatre paysages : deux sur le côté
gauche et deux au-dessous, également avant toute lettre, qui,
détachés plus tard, forment quatre pièces de l'œuvre. Ce sont les
les n°ˢ 60 à 63.

(Le Blanc, n° 30.)

35. *Buste d'homme.*

Dans un cadre rectangulaire. Vu de 3/4, à dr., la tête et les bras
élevés.
Inachevé. Haut. 0.023. Larg. 0.045.
Vente Marcenay, 1811.
Pièce détachée du côté supérieur gauche, du premier état du
Vieillard à la toque. (Voir n° 43.)

(Le Blanc, n° 45.)

36. *L'Effroi.*

Buste de vieillard, de profil, à dr., caractérisant cette expression.
Tête nue, cheveux séparés sur le milieu et frisés sur les côtés, barbe
un peu blanche; il a la main gauche élevée. A la pointe : *L'Effroy.
De Marcenay, 1773*; à dr. : *Pl. n° 16.*
Ovale. Haut. 0.067. Larg. 0.054.
Catalogue Marcenay, 1773, n° 46.
Vente Marcenay, 1811.

(Le Blanc, n° 44.)

37. *L'Etonnement.*

Dans un encadrement rectangulaire, buste de femme. de 3/4 à
droite, penchée à gauche, caractérisant cette expression. Coiffée d'un
chapeau orné de deux plumes, étoffe légère lui descendant derrière le
dos, poitrine découverte, collier au cou. Dans le côté supérieur droit
de l'encadrement, à la pointe. *Pl. n° 45.* — Dessous, au milieu, dans
l'encadrement, à la pointe: *A.Demarcenay || f. 1773 || L'Etonnement.*
Haut. 0.064. Larg. 0.043.
Catalogue Marcenay 1773, n° 45.
Vente Marcenay, 1811.

(Le Blanc, n° 43.)

38. *Vieillard appuyé sur deux béquilles.*

Dans un cadre rectangulaire. Il marche à droite sous de grands
arbres, se dirigeant vers une rivière, bordée à gauche par des mon-
tagnes. — Au milieu, deux arbrisseaux.
Sous le tr. c. à g. et à la pointe : *de Marcenay, 1773.* —
Dessous au milieu : *Pl. n° 11.*
Haut. 0.019. Larg. 0.091.
Catalogue Marcenay, 1773, n° 44.
Vente Marcenay, 1811.

(Le Blanc, n° 42.)

39. *Vieillard dont l'habit et la toque sont garnis de fourrure.*

Dans un cadre rectangulaire. Buste de 3/4 à gauche, regardant de face. Toque en arrière, découvrant le front. — Sous le tr. c. à g. :
A. Demarcenay delbat. et sculpbat. février 1754.
D'après Greuze.
Haut. 0.065. Larg. 0.054. Mêmes dimensions que le *Buste de femme*, n° suivant.
Etat avant toute lettre.
Etat signé.
Catalogue Marcenay, 1764, n° 4.
Sa vente posthume, 1811.
(Renouvier. *Histoire de l'art pendant la Révolution*, 1863).

(Le Blanc, n° 34.)

40. *Buste de femme.*

Dans un encadrement rectangulaire. De 3/4, à droite, coiffée en cheveux frisés, attachés derrière par un nœud de ruban et pendant sur le dos. Collier de trois rangs au cou. Sein droit découvert. Vêtue d'une draperie légère.
D'après un pastel de Péronneau.
Haut. 0.072, Larg. 0.057. Fait pendant au numéro précédent.
Catalogue Marcenay, 1764, n° 1.
Sa vente posthume, 1811.
Marcenay a copié l'original en miniature. V. Peintures, n° 9.

(Le Blanc, n° 35.)

41. *Vieillard à barbe blanche et crépue.*

En buste, à gauche, dans un encadrement rectangulaire. Cheveux crépus cachant les oreilles. Coiffé d'un bonnet fait d'une étoffe enroulée irrégulièrement. Sous le tr. c. à g. : *Rembrandt px* ; à dr. :
A. Demarcenay sculpbat. janer 1755.
Haut. 0.056, Larg. 0.036. Mêmes dimensions que le numéro 44.
Etat avant toute lettre.
Catalogue Marcenay, 1764, n° 5.
Colisée, 1776, n° 45.
Vente Marcenay, 1811.

(Le Blanc, n° 37.)

42. *Dame aux perles.*

En buste, dans un cadre rectangulaire. De 3/4, à droite, regardant de face. Deux plumes sur la tête d'où un voile léger lui descend sur les épaules. Collier de perles autour du cou, corsage brodé.
D'après Rembrand, 1768.
Haut. 0.122, Larg. 0.12.
Catalogue Marcenay 1773, n° 35.
Colisée, 1776, n° 44.
Vente Marcenay, 1811.

Le premier état a, au bas, le paysage : *Les Voyageurs*, aussi avant lettre, qui, détaché plus tard, forme un numéro spécial de l'œuvre.

Voir, n° 34.

(Le Blanc, n° 36.)

43. *Vieillard à la toque.*

Buste de 3/4, à gauche, regardant de face. — Coiffé d'une toque noire ; barbe et longs cheveux blancs. Habit ouvert à col avec brandebourgs, laissant voir un ruban auquel pend un joyau à cinq lobes.

D'après REMBRAND, 1771.

Ovale. H. 0,114. L. 0,092.

Catalogue Marcenay 1773, n° 40.

Vente Marcenay, 1811.

Le premier état est accompagné de quatre pièces avant la lettre, trois sur le côté gauche : *Buste d'homme* et *Deux paysages* ; au bas : *La chute du jour*, qui, détachés plus tard, forment des numéros spéciaux de l'œuvre. Ce sont les numéros 35, 55, 56 et 57.

(Le Blanc, n° 39.)

Il y a au cabinet des estampes un exemplaire avant lettre, avec seulement *La chute du jour*, aussi avant lettre, qui porte cette mention manuscrite ancienne : *Épreuve retouchée par M. de Peters.*

44. *Vieillard atrabilaire.*

En buste, dans un cadre rectangulaire. De face, regardant à terre et à droite. Coiffé d'une toque. Barbe et cheveux blancs. Sous le tr. c. à g. : *Rembrand pinx* ; à dr. : *De Marcenay sculp*. Au milieu : *Le Vieillard atrabilaire* || *A Paris chez l'auteur*, etc. || et *chez M. Wille*, etc. — Au dessus, sur l'encadrement : *Pl. n° 19.*

Haut. 0,125. Larg. 0,09.

Etat avant toute lettre.

Catalogue Marcenay, 1764, n° 19.

Sa vente posthume, 1811.

Il a fait une copie à l'huile du tableau. V. Peintures, n° 10.

(Le Blanc, n° 38.)

45. *Tête de vieillard en bonnet fourré.*

De face, barbe et longs cheveux blancs. Haut bonnet à bordure fourrée. Les épaules peu vues.

Ovale. Haut. 0,049. Larg. 0,04.

La description de Le Blanc, n° 41 : « Buste d'homme en manteau fourré et en bonnet. J.-B. Greuze, in-8° », ne concorde pas avec cette pièce dont le cabinet des estampes possède une seule épreuve avant toute lettre. Le Blanc a pu confondre avec son n° 34 (n° 29) et faire de celle-ci un numéro spécial.

46. *Enfant qui joue aux cartes.*

Debout, dans un cadre rectangulaire. De profil, à droite, vu à mi-jambes devant une table, près d'une fenêtre à rideaux. Coiffé

d'un tricorne, cheveux bouclés, attachés derrière par un nœud de
ruban et tombant sur le dos. Vêtu d'un habit.

D'après Chardin.

Haut. 0.095. Larg. 0.12.

Catalogue Marcenay, 1764, n° 3.

Sa vente posthume, 1811.

Variante du tableau du Musée du Louvre (salle Lacaze, n° 1,031),
dans lequel la fenêtre n'existe pas.

(Le Blanc, n° 48.)

47. *La Fleuriste.*

Dans un encadrement rectangulaire. Debout à une fenêtre cintrée;
une cage d'oiseau est accrochée au côté gauche et au milieu pend
une lanterne. De 3/4 à droite, le chignon dans un bonnet, la gorge
un peu découverte, elle est accoudée au bord de la fenêtre sur
lequel est étendu un tapis et tient de la main gauche une tige d'œillet planté dans un pot posé à l'extérieur gauche.

D'après Gérard Dow.

Haut. 0.312. Larg. 0.22.

Dessous, au milieu, les armoiries de Marcenay.

Catalogue Marcenay 1773, n° 26.

Colisée, 1776, n° 34.

Vente Marcenay, 1811.

(Le Blanc, n° 46.)

48. *L'Amour fixé.*

« Une jeune personne, assise sur l'herbe, tenant l'Amour incliné
« sur ses genoux; d'une main elle lui coupe les ailes, tandis que
« Minerve lui lie les mains derrière le dos avec sa ceinture Derrière
« ce groupe, l'Himen, sous la figure d'un enfant qui tient son flambeau
« élevé d'un air triomphant. Plus loin, sur la droite, les armes de
« l'Amour ici sont offertes en holocauste. A côté de lui, un écureuil
« sur une corne d'abondance. Des arbres soutiennent au-dessus de
« la nouvelle mariée une espèce de tente de drap d'or ; à côté d'elle
« un mouton; une pomme d'or est à ses pieds, avec l'inscription
« *à la plus belle.* » (Catalogue Marcenay, 1764, n° 47.) — Dans le
bas de la planche et au milieu : *L'Amour fixé.* Sous le tr. c. à g. :
Charles Le Brun px ; à dr.: *de Marcenay pbat. et sclat.* 1763,
n° *18.* Puis, deux écus accolés et, de chaque coté, sur toute la largeur: *A Mme de Marcenay de Mercey* ‖ *Himen triomphe. Amour
n'est plus volage* ‖ *De chastes mains le fixent à jamais* ‖ *Vif et cons-
tant, il est la tendre image du Souvenir que j'ai de vos bienfaits* ‖
A dr.: *Par son très humble et très obeissant serviteur et neveu De
Marcenay de Gray* ‖ Sur toute la largeur : *A Paris, chez l'Auteur,
etc.* ‖ *et chez Wille, etc., etc.*

Ovale posé sur un fond de tapisserie rectangulaire et attaché au-
dessus à un nœud de ruban par une boucle d'où sort une guirlande
de fruits entourant la partie supérieure du médaillon et descendant
perpendiculairement sur les côtés de la tapisserie.

Haut. 0.30. Larg. 0.278.

Deux états signés, avant lettre, à des degrés divers d'avancement.
Autre avec les deux écus accolés.
Saint-Luc, 1764, n° 135.
Colisée, 1776, n° 31.
Vente Marcenay, 1811.
Marcenay a copié l'original à l'huile. V. Peintures, n° 16.

(Le Blanc, n° 49.)

49. *Bataille.*

Dans un cadre rectangulaire. Mêlée de onze cavaliers et fantassins. Au fond, ville en flammes. — Sous le tr. c. à g. : *Parocel pater px* ; à dr. *de Marcenay 1755.* Sous la date : *N° 13.* — Au bas, au milieu, les armoiries de Lalive et, de chaque côté, sur toute la largeur : *A Monsieur de Lalive, Introducteur des Ambassadeurs ‖ Honoraire de l'Académie royale de Peintures et de Sculptures ‖ Cura tibi patriae Archetipos et Templa Tueri, viry. ‖ Gravé d'après l'original de Parocelle pere, de 26 pouces sur 38 qui se voit dans sa belle collection des peintres et sculpleurs français ‖ par son très humble serviteur De Marcenay ‖ A Paris chez l'Auteur,* etc.
Haut. 0.25. Larg. 0.326.
Trois états signés, avant lettre, à des degrés divers d'avancement.
Saint-Luc, 1762, n° 19.
Colisée, 1776, n° 33.
Vente Marcenay, 1811.
Catalogue Marcenay, 1764, n° 12.
Fait pendant au *Testament d'Eudamidas,* n° 2.
Marcenay a copié le tableau original à l'huile. V. Peintures n° 17.

(Le Blanc, n° 51.)

50. *Homme à la plume blanche.*

Dans un cadre rectangulaire. Il donne la main à une jeune femme, coiffée d'une toque de velours noir, ornée d'un cordon de diamants et d'une longue plume blanche. Longs cheveux tombant sur les épaules, hausse-col, veste brodée et par dessus manteau ponceau, avec une broderie d'or, parsemée de diamants. Une toile d'or, en forme d'aiguillette, lui pend derrière l'épaule. — La dame est vêtue de satin blanc et porte une ceinture garnie de pierreries. Manteau doublé d'hermine, retenu par un cordon de diamants. La couronne de fleurs et le voile qui lui couvre le derrière de la tête, indiquent un costume de mariage. Ils sont dans un jardin. — Sous le tr. c. à g. : *Rembrandt px* ; à dr. : *A. de Marcenay sculpsit. 1755.* Sous la date : *N° 12.* — Dessous, à g. : *Les portraits de* désignation laissée en blanc. — Puis, les armoiries du comte de Vence et, de chaque côté, sur toute la largeur : *Gravé d'après l'original haut de 5 pieds sur 3 de large du cabinet de Monsieur le Comte de Vence, Maréchal de camp des armées du Roy,* à dr. : *A Paris, chez l'Auteur,* etc.
(Les armoiries et les inscriptions sont à la pointe.)

Haut. 0.19. Larg. 0.217. Demi-figures.
Deux états avant lettre, signés, à des degrés divers d'avancement.
Catalogue Marcenay, 1764, n° 11.
Sa vente posthume, 1811.

(Le Blanc, n° 40).

51. *Paysan à la vache.*

D'après Rembrandt.

(Le Blanc, n° 53).

52. *La Cabane.*

Dans un cadre rectangulaire. Sur le devant et à droite, rivière
bordée à gauche par un bois, sur le bord duquel est une maison
se reflétant dans l'eau. A droite, un arbre. — Sous le tr. c. à g., à
la pointe : *A. de Marcenay f. 1767.* — Dessous, au milieu : *La
cabane* ; puis, à l'envers : *A Paris ches l'auteur*, etc., *et ches
M. Wille*, etc. — Au-dessus, sur l'encadrement : *Pl. N° 33 de
l'œuvre.*
Haut. 0.05. Larg. 0.115.
Etat avant toute lettre.
Catalogue Marcenay 1773, n° 32.
Vente Marcenay, 1811.
(Sur la même pl. que le suivant).

(Le Blanc, n° 59.)

53. *La Forêt.*

Dans un cadre rectangulaire. Sur le devant, auprès d'un étang,
un homme tenant un long bâton. A. g : une barrière. — Sous le tr. c.
à g., à la pointe : *Demarcenay fe. 1767.* Dessous, au milieu ; *La
Forest.* Au-dessus, sur l'encadrement : *Pl. n° 32 de l'œuvre.*
Haut. 0.05. Larg. 0.115.
Etat avant toute lettre.
Catalogue Marcenay 1773, n° 33.
Vente Marcenay, 1811.
(Sur la même pl. que le précédent).

(Le Blanc, n° 59.)

54. *Les Voyageurs.*

Dans un encadrement rectangulaire. A droite, deux voyageurs
sur une route ombragée. Au milieu, rivière et château dans un pay-
sage boisé s'étendant à gauche. — Sous le tr. c. à gauche. : *A. de
Marcenay Fecit.* Dessous, au milieu : *Les Voyageurs.* ‖ *A Paris
ches l'Auteur*, etc. ; *et ches M. Ville*, etc. Au-dessus, sur l'enca-
drement : *Pl. n° 36 de l'œuvre.*
Haut. 0.04. Larg. 0.11.
Etat avant toute lettre.
Catalogue Marcenay 1773, n° 36.
Vente Marcenay, 1811.
(Pièce détachée du premier état de la *Dame aux perles*, n° 42).

55. *Paysage.*

Dans un cadre rectangulaire. A gauche, des rochers boisés surmont's d'une mai on; au bas, excavation de forme ronde. Au milieu, deux petits arbres. A gauhc des rochers boisés.
Haut. 0.029. Larg. 0.057. Inachevé.
Vente Marcenay, 1811.
(Pièce détachée du milieu du côté gauche du premier état du *Vieillard à la toque,* n° 45.)

56. *Paysage.*

Dans un cadre rectangulaire. A gauche et au milieu des bois et des rochers; à dr. un homme appuyé sur un bâton, rochers.
Haut. 0.038. Larg. 0.071. Inachevé.
Vente Marcenay, 1811.
(Pièce détachée du bas du côté gauche, du *Vieillard à la toque,* n° 43.)

57. *Chute du jour.*

Dans un cadre rectangulaire. A gauche, une femme et un homme appuyés sur un bâton. au milieu, groupe d'arbres; à droite, rivière et paysage éclairé au fond par le coucher du soleil. — A g., a la pointe : *A. Demarcenay f. 1771.*
Haut. 0.034. Larg. 0.010.
Etat avant signature.
Catalogue Marcenay 1773, n° 41 bis.
Vente Marcenay, 1811.
(Pièce détachée de dessous du *Vieillard à la toque, n° 43.)
(Le Blanc, n° 58.)

58. *Les Pêcheurs.*

Dans un cadre rectangulaire. Deux pêcheurs sont assis au bord d'une rivière. A droite, des rochers boisés, excavation circulaire au bas; au milieu du devant, vers la gauche, deux grands arbres; paysage montagneux au fond. — Sous le tr. c. à g., à la pointe : *Marcenay, 1773.* Dessous, au milieu. *Pl. n° 43 de l'œuvre.* Puis, sur toute la largeur : *Paris chez l'Auteur,* etc. *et chez M. Ville,* etc., etc.
Haut. 0.046. Larg. 0.118.
Catalogue Marcenay 1773, n° 43.
Vente Marcenay, 1811.
(Pièce détachée de l'état d'essai du portrait de *Turenne, 1.° 33.*)
(Le Blanc, n° 60.)

59. *Le Repos.*

Dans un cadre rectangulaire, paysage où, vers la gauche, sous des arbres, une femme est assise. A droite, au premier plan, un

homme, un long bâton à la main, se dirige vers elle. Au fond,
paysage et rivière venant aussi à droite, avec pont et château sur
des rochers. — Sous le tr. c. à g. : *De Marcenay*; à dr. *1778*.
Dessous, au milieu, *Le Repos*. — *Paris chez l'Auteur*, etc. — Au
dessous, sur l'encadrement : *Pl. N° 53 de l'œuvre*.
Haut. 0.056. Larg. 0.077.
Vente Marcenay, 1811.

(Le Blanc, n° 65.)

60. *Rivière*.

Dans un cadre rectangulaire. Elle est bordée à gauche par des
rochers, au-dessus desquels est une maison. Un peu à droite,
groupe d'arbres. — Au bas, au milieu, sous l'encadrement : *N° 51*.
Haut. 0.034. Larg. 0,081.
Vente Marcenay, 1811.
(Pièce détachée du côté supérieur gauche du premier état du portrait du *Maréchal de Villars*, V. n° 34.)

(Le Blanc, n° 63.)

61. *Rivière*.

Dans un cadre rectangulaire. Elle est bordée à gauche par un
bois, où se trouve deux maisons; une autre au fond. — A dr.,
petite île boisée. — Sous le tr. à g. : *De Marcenay seul*. 1778.
Au bas, au milieu, sous l'encadrement : *N° 52*.
Haut. 0.034. Larg. 0.081.
Vente Marcenay, 1811.
(Pièce détachée du bas du côté gauche, du premier état du por-
trait du *Maréchal de Villars*, V. n° 34.)

(Le Blanc, n° 64.)

62. *Un bois*.

Dans un cadre rectangulaire. A gauche, deux hommes debout
auprès d'un arbre : éclaircie et rocher sur leur droite. — Au dessous de l'encadrement, au milieu : *Pl. N° 50*.
Haut. 0.016. Larg. 0.048.
Vente Marcenay, 1811.
(Pièce détachée du dessous du premier état du portrait du *Maréchal de Villars*, V. n° 34.)

(Le Blanc, n° 62.)

63. *Paysage ou par une coûte de rochers*.

Dans un cadre rectangulaire. Feuillages sur les bords, à gauche
et au-dessus. — Au bas, au milieu, sous l'encadrement : *Pl. n° 19*.
Haut. 0.022. Larg. 0.043.
Vente Marcenay, 1811.
(Pièce détachée du dessous du premier état du portrait du *Maré-
chal de Villars*, V. n° 34.)

(Le Blanc, n° 61.)

64 et 65. *Une dédicace et un titre.*

Deux planches.
Vente Marcenay 1811.

66. *Passage au bateau.*

Au premier plan, au milieu, deux hommes dans un bateau, l'un
assis, l'autre debout, manœuvre. Groupe d'arbres. — Sur la gauche,
au fond, montagne et pont de deux arches, brisé. A gauche, un
arbre; — à dr. : maisons et bois.
D'après Francisque Millet..
Rond, 0,115 de diamètre.
Catalogue Marcenay, 1764, n° 2.
Sa vente posthume, 1811.

(Le Blanc, n° 50.)

67. *Commencement d'orage.*

Dans un encadrement rectangulaire. « Le paysage représente une
« plaine fertilisée par une rivière dont les différents circuits vont
« se perdre dans l'horizon parmi les montagnes qui le bornent.
« Le coup d'œil est agréable, varié, mais pour y répandre un
« intérêt plus vif, Rembrandt a supposé un Ciel couvert qui annonce
« l'orage, d'où il résulte des grandes ombres à travers lesquelles
« la lumière tombe par échappée sur des endroits qu'elle rend plus
« ou moins piquants à proportion de leur éloignement. » — (Catalogue Marcenay, 1764, n° 16). — Sous le tr. c. à g. : *Rembrandt
px* ; à dr. : *A. de Marcenay de Ghuy pinx. et et sclat 1758.
N° 17.* — Dessous, au milieu, les armoiries du comte de Verac
et, de chaque côté, sur toute la largeur : *Commencement d'Orage.
[D'après l'original de Rembrandt du Cabinet de Monsieur le
comte de Verac. | Maréchal de camp des armées du Roy. [, A
Paris chez l'Auteur, etc.*
Haut. 0.282. Larg. 0.278.
Deux états signés, à des degrés divers d'avancement.
Saint-Luc, 1762, n° 161.
Colisée, 1776, n° 36.
Vente Marcenay, 1811.

(Le Blanc, n° 52.)

68. *Bohémienne.*

Dans un cadre rectangulaire. Paysage avec ruines vu par une
large ouverture de rochers sur la gauche. Au premier plan, sur la
droite, une bohémienne dit la bonne aventure à un soldat et à leur
droite, deux personnages, dont un assis. — Au milieu, un chien et
un vieillard tenant un long bâton. Au fond, devant le paysage, une
voiture et un chien.
Sous le tr. c. à g. : *D. Téniers pinx.* ; à dr. : *A. Demarcenay
delhat. et sculphat. janvier 1715.* — Dessous, au milieu : *la
Bohémienne. | A Paris chez l'Auteur, etc.*

Haut. 0.071. Larg. 0.101.
Etat avant toute lettre.
Catalogue Marcenay, 1764, n° 6.
Sa vente posthume, 1811.

(Le Blanc, n° 47.)

69. *Le ciel se couvre, hâtons-nous.*

Dans un cadre rectangulaire. Au premier plan, sur une route, des
voyageurs pressent le pas. L'un d'eux, le bras droit levé, montre le
ciel menaçant. Ils se trouvent dans un vaste paysage avec bois et
château, traversé par un cours d'eau. — Le soleil se couche au
fond. — Sous le tr. c. à g. : *L. Van Uden px* ; à dr. : *A. de
Marcenay sculpbat. 1755.* Sous la date : *N° 10.* — Dessous, au
milieu : *Le ciel se couvre, hâtons-nous.* Puis, les armoiries du
comte de Vence et, de chaque côté, sur toute la largeur : *Gravé
d'après le tableau original de Lucas van uden haut de 11 pouces
sur 8 1 2 de large tiré du cabinet de Monsieur le* || *comte de
Vence, maréchal de camp des armées du Roy* || *ches l'Auteur.* etc.
(Les armoiries et les inscriptions sont à la pointe).
Haut. 0.244. Larg. 0.28.
Etat inachevé, signé.
Catalogue Marcenay, 1764, n °9 .
Sa vente posthume, 1811.

(Le Blanc, n° 54.)

70. *Clair de lune.*

Dans un encadrement rectangulaire. Paysage vu sur le devant par
une grande voûte de rochers. — A g.. au premier plan, des pêcheurs;
au milieu et au fond, paysage boisé et rochers surmontés des ruines
d'un château. Au pied, d'autres pêcheurs et une barque ; à dr. des
rochers. — Sous le tr. c. à g. : *J. Vernet px* ; à dr. : *A. de Marcenay, scbat. 1756.* Sous la date : *N° 11.* — Au milieu, les armoi-
ries de Marcenay, puis, de chaque côté, sur toute la largeur : *A
Monsieur de Marcenay de La Brauce Ecuyer* || (longue citation de
Chéron, par son ami et très humble serviteur de Marcenay. ||
*Gravé d'après l'original de J. Vernet de 18 pouces sur 23 du
Cabinet de M de La Live, introducteur des Ambassadeurs.* || *A
Paris ches l'Auteur, et.*
Haut. 0.243. Larg. 0.275.
Etat inachevé, signé.
Saint-Luc. 1762, n° 160.
Colisée, 1776, n° 35.
Vente Marcenay, 1811.

(Le Blanc, n° 55.)

71. *Coucher du soleil.*

Dans un encadrement rectangulaire. — A g., trois pêcheurs
dans une barque; au milieu des femmes lavant du linge, en portant
sur leur tête, une autre est debout au bord de la rivière. — A dr.,

des rochers, une forteresse et des ruines. — Au fond. une pyramide
et des arbres. — Sous le tr. c. à g. : *Vernet P.* ; à dr. : *de Marce-
nay sc. 1767.* Dessous, au milieu : *Coucher du soleil.* || *A Paris,
ches l'Auteur,* etc. || *et ches M. Wille,* etc. — Au-dessus, sur l'en-
cadrement : *Pl. N° 29 de l'œuvre.*

Haut. 0,065. Larg. 0,079.

Catalogue Marcenay (1773), n° 29.

Sa vente posthume, 1811.

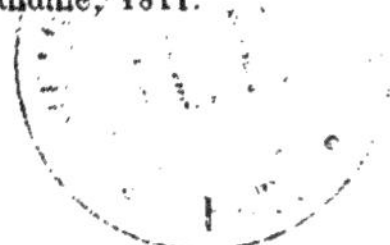

(Le Blanc, n° 56.)

INDEX BIBLIOGRAPHIQUE

Registres de l'état civil d'Arnay-le-Duc et de Paris.
Cabinet des estampes de la Bibliothèque nationale.

Description du testament d'Eudamidas, peint par Le Poussin, et gravé par M. de Marcenay, dans le *Mercure de France,* novembre 1757. — Tirage à part, s. d. n. l. (Paris 1757, in-8°).

Idée de la gravure (par Marcenay), dans le *Mercure de France,* août 1756, p. 193.

Dénonciation d'un plagiat, par Marcenay De Ghuy, dans l'Année littéraire, 1759, tome 2, p. 3 à 22.

Idée de la gravure. Lettre sur l'Encyclopédie au mot Graveur et Catalogue raisonné des Planches de l'Œuvre de M. de Marcenay de Ghuy... A Paris, de l'imprimerie d'Houry, MDCCLXIV, in-4°.

Livrets des expositions de l'Académie de Saint-Luc à Paris, pendant les années 1751, 1752, 1753, 1756, 1762, 1764 et 1775.. (par J. J. Guiffrey). Paris, 1872, in-8°.

Livret de l'exposition du Colisée (1776)... (par J. J. Guiffrey). Paris, 1875, in-12.

Catalogue des estampes formant l'œuvre de M. Marcenay de Ghuy... avec différentes descriptions des tableaux qui y ont donné lieu. A Paris, chez l'auteur... et chez M. Wille, feuille double in-fol. s. d. (1764.)

Seconde partie du catalogue des estampes qui forment l'œuvre de M. de Marcenay de Ghuy, avec différentes descriptions des tableaux qui y ont donné lieu A Paris, chez l'auteur..., feuille in-fol. s. d. (1773.)

Essai sur la beauté par de Marcenay. A Paris, d'Houry, MDCCLXX, in-8°.

Notice des tableaux dessins, estampes en feuilles et planches gravées, après le décès de M. de Marcenay de Ghuy... 26-27 juin 1811, (par Regnault-Delalande.)

Catalogue d'estampes et de dessins de toutes les écoles, par suite du décès de *M. Guichardot, 20 juillet 1875.* Delbergue-Cormont, commissaire-priseur; Clément et Danlos, experts.

Dictionnaire des graveurs anciens et modernes... par Basan, 2e édition. Paris, 1789, in-8º.

Catalogue de M. Paignon-Dijonval. Etat détaillé et raisonné des dessins et estampes dont il est composé... rédigé par M. Bénard. Paris, 1810, in-4º.

Catalogue raisonné des estampes du cabinet de M. le comte Rigal, par F. L. Regnault-Delalande, Paris, 1817, in-8º.

Manuel de l'amateur d'estampes...., par F. E. Joubert. Paris, 1821, 3 vol. in-8'.

Manuel de l'amateur d'estampes, par Ch. Le Blanc, Paris, 1856, 2 vol. in-8º.

Biographie générale. Paris, Didot, 1852, tome 33.

Mémoires et journal de J. G. Wille, graveur du roi... par Georges Duplessis. Paris, veuve Renouard, 1857, 2 vol. in-8º.

Les graveurs de portraits en France etc., par A. Firmin-Didot, Paris, 1875-1877, 2 vol. in-8º.

Les dessinateurs d'illustration au XVIIIe *siècle* par le baron Roger Portalis. Paris, 1877, 2 vol. in-8º.

Les graveurs du XVIIIe *siècle,* par le baron Roger Portalis et Henri Béraldi, Paris, 1880-1882, 3 vol. in-8º.

Dictionnaire général des artistes de l'école française, par Louis Auvray et Emile Bellier de la Chavignerie. Paris, 1882-1887, 3 vol. in-8º.

Annales de la ville d'Arnay-le-Duc, par Lavirotte. Autun, 1837, in-8º.

Description générale et particulière du duché de Bourgogne, par l'abbé Courtépée, nouvelle édition. Dijon, 1847, 4 vol. in-8º.

La Bourgogne, par Albert Albrier, Dijon, 1870, in-8º.

FIN

Paris. — Imp. Artistique MÉNARD ET CHAUFOUR
8-10, Rue Milton, 8-10

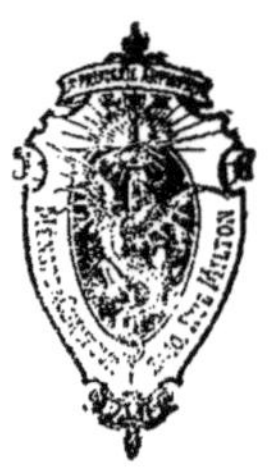

www.ingramcontent.com/pod-product-compliance
Lightning Source LLC
LaVergne TN
LVHW022322170726
843503LV00006B/2652